图解篮球

个人技术与训练

房辉　侯雪花　主编

（视频学习版）

人民邮电出版社

北京

图书在版编目（CIP）数据

图解篮球个人技术与训练：视频学习版 / 房辉，侯
雪花主编. -- 北京：人民邮电出版社，2023.5（2024.5重印）
ISBN 978-7-115-60965-6

Ⅰ. ①图⋯ Ⅱ. ①房⋯ ②侯⋯ Ⅲ. ①篮球运动－运
动技术－图解②篮球运动－运动训练－图解 Ⅳ.
①G841-64

中国国家版本馆CIP数据核字(2023)第014225号

内 容 提 要

本书由两位具有丰富执教经验的一线篮球教练联合编写，是一本专为想要全面且高
效提高个人篮球水平的读者设计的学习指导书。本书通过 800 余幅高清图片和球场示意
图、160 余段技术动作展示视频，详细介绍了 180 余项可用于提升个人进攻和防守能力
的基础技术与强化训练方法，且针对重点和难点技术提供了小提示等细节指导，可帮助
读者快速掌握动作要领。无论你篮球初学者，有一定经验的篮球爱好者，还是专业运动
员，都可以从本书中获益。

◆ 主　　编　房　辉　侯雪花
　　责任编辑　林振英
　　责任印制　彭志环
◆ 人民邮电出版社出版发行　　北京市丰台区成寿寺路 11 号
　　邮编　100164　　电子邮件　315@ptpress.com.cn
　　网址　https://www.ptpress.com.cn
　　北京天宇星印刷厂印刷
◆ 开本：700×1000　1/16
　　印张：16.75　　　　　　　　　　2023 年 5 月第 1 版
　　印张：383 千字　　　　　　　　2024 年 5 月北京第 2 次印刷

定价：88.00 元
读者服务热线：(010)81055296　印装质量热线：(010)81055316
反盗版热线：(010)81055315
广告经营许可证：京东市监广登字 20170147 号

前言

　　篮球是一项高度竞争性且对身体素质要求较高的运动，无论是爱好者还是专业运动员，都需要花费大量的时间和精力来提高他们的技能和表现。通过正确的训练计划和有计划的训练，每个人都可以在篮球场上变得更自信、更强壮，并取得更好的表现。

　　本篮球训练指南旨在为读者提供一本全面、系统的篮球训练指南，其中介绍了篮球的基本知识和技巧，并详细阐述了篮球训练的基本原则和方法。此外，本书还提供了多种实用的训练方案和方法，可帮助读者制定个性化的训练计划。

　　篮球运动是一项高度综合性的运动，需要具备多方面的技能和能力。首先，掌握基本技能是取得好表现的前提，如运球、传球、投篮和防守等，这需要通过反复练习和不断改进来提高技能水平。其次，在篮球运动中，身体素质也至关重要，包括爆发力、敏捷性、协调性和耐力等。针对性的体能训练和科学的营养摄入可以提高身体素质。

　　在篮球训练中，有许多最有效的方法和技巧可以帮助你快速提高技能和身体素质。例如，制定合理的训练计划和有针对性的练习，以提高技能水平。另外，利用视频回放等工具可以不断自我审视和改进表现，优化技能水平。总之，只要你持之以恒、坚持训练，就能够在篮球场上取得更好的表现。

　　在进行篮球训练时，预防运动伤害也是非常重要的。球员需要在训练前做好充分的热身准备，注意保持正确的姿势和动作，避免在训练过程中受伤。

　　篮球运动不仅有助于身体素质的提高，还能帮助球员培养自信、团队合作意识和挑战自我的精神。在篮球训练中，我们应始终保持健康、安全、积极的心态，为自己的篮球训练之旅打下良好的基础。此外，作为一项全民健身运动，篮球还可以帮助球员和社会各界人士更好地融入社会，建立更加健康、积极的生活方式。

　　篮球训练是一项综合性的、有挑战性的运动。在进行篮球训练时，球员需要注重技能水平的提高、身体素质的提升、运动伤害的预防以及心理调整的平衡。通过科学的训练计划并持之以恒地坚持训练，每个人都可以在篮球场上变得更加自信、更加强壮，并取得更好的表现。

我们相信，在本书的指导下，您将能够更加全面、系统地掌握篮球技巧和训练方法，成为一名出色的篮球运动员。无论您是一名初学者还是一名经验丰富的球员，本书都将为您提供有价值的信息和指导，帮助您取得更大的进步和成就。最重要的是，让我们始终保持健康、安全、积极的心态，享受篮球运动所带来的快乐和成就感。感谢您选择这本书，我们期待看到您在篮球场上的精彩表现。

目录

第 3 章　运球

第4章　传球

第5章　投篮

第6章　配合与掩护

扫描右侧二维码添加企业微信。

1. 首次添加企业微信，即刻领取免费电子资源。

2. 加入体育爱好者交流群。

3. 不定期获取更多图书、课程、讲座等知识服务产品信息，以及参与直播互动、在线答疑和与专业导师直接对话的机会。

第 1 章
篮球基础

在进行篮球运动之前，我们首先要了解球场的知识及篮球鞋的选择，包括它们是如何分类的，又有哪些区别等。

1.1 基础知识

▶ 球场知识

　　篮球场地是一个长方形牢固平面，常见的规格为28米×15米。篮球场地根据不同的材质和环境有不同的分类，熟知这些分类是很重要的，下面我们具体介绍一下。

▍篮球场地分类

篮球场地按照环境分为室外场地和室内场地两种，按照材质分为橡胶场地、水泥场地和木质场地等。

橡胶场地

室外场地

室外场地一般建得比较结实，使用的材质有水泥、橡胶等。

橡胶场地

室内场地

室内场地常用木材铺设。

木材场地

场地示意图

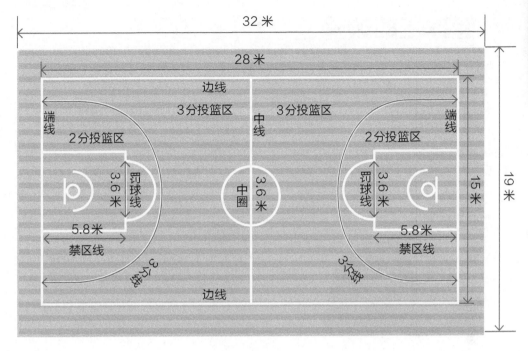

线条：球场中地面上绘制的所有线条宽度都为5厘米，地面上不同位置的线条具有不同的作用。

界线：球场由两条端线和两条边线组成的界线所限定，较长界线叫作"边线"，较短界线叫作"端线"。

中线：场地正中平行于端线的那条线叫"中线"，一般来说，中线要向边线两侧延伸2.5厘米。

罚球线：罚球线平行于端线，长3.6米，与端线的距离为5.8米。罚球线的中点要与假想的两条端线的中点在同一条直线上。

禁区线：禁区线是禁区两侧的直线，下与端线相交，上与罚球线两端相接，与其共同构成禁区，或称为限制区。如果是在铺设了有颜色的地胶场地上，这一区域与中圈区域的颜色是一样的。

中圈：球场中心位置的圆圈，从圆周外边线测量其半径是1.8米。

3分投篮区：从端线的两侧，距离边线1.25米的位置，向场地中引出平行于边线的两条线；然后以篮筐在地面的垂直投影为圆心，以6.25米为半径，向场地内画弧线；从端线引出的这两条线分别与弧线两端相交，它们与端线形成一个封闭的区域，这个区域外就是3分投篮区。

篮球鞋的选择

篮球鞋的介绍

打篮球是较为激烈的运动。为了应付这一运动，防止脚部受伤，就需要选择一双耐久稳定、舒适性良好的篮球鞋。篮球鞋按照不同的结构，可以分为以下3种。

高帮鞋

约有70%的球员选择高帮鞋，因为它可以给脚踝处提供更好的防护，适合强力的进攻型球员和在全场范围内跑动的球员，这种类型的鞋还具有一定的稳定性。

中帮鞋

对于在速度上有优势的球员而言，穿高帮鞋跑起来不是很方便，这类球员可以选择中帮鞋。它的鞋帮正好到脚踝处，方便脚踝活动。

低帮鞋

如果需要快速跑动，首先要求鞋很轻，同时要有一定的护踝、减震和曲挠性，这时低帮鞋往往是较好的选择。

1.2 基础站姿

▶ 身体基本姿势（非持球）

重要程度

★

正面

五指分开

双臂屈肘，双手置于胸前

双膝微屈

🏆 训练目的

此动作是所有篮球技术动作中的基本姿势，是球员在赛场上前后移动、有效传球的必要保证，所以球员一定要确保动作标准。

🏀 动作讲解

球员呈站立姿势，双脚分开至略比肩宽或与肩同宽；双臂屈肘，双手置于胸前，掌心朝前、正对篮球，以便接球和运球。目视前方，呈准备接球的姿势。

躯干保持挺直，双手随时准备接球。

侧面

脚尖向前

小提示

背部挺直，手指保持自然张开，双手放松，目视前方，准备接球。

球性与移动

运球

传球

投篮

配合与掩护

身体基本姿势（持球）

正面

目视前方，保证
能够眼观全场

双臂屈肘，双手
掌心相对持球

双膝微屈

双脚分开，
略比肩宽

侧面

脚尖向前

🏆 **训练目的**

此动作同样是所有篮球技术动作中的基本姿势，熟练掌握后，对于球员在赛场上前后移动传球有非常重要的作用。

🏀 **动作讲解**

球员呈站立姿势，掌心相对、握住篮球，目视前方，呈准备传球的姿势。

保证身体处
于可随时进
行传球或移
动的状态。

小提示

五指分开持球，保持身体稳定，以便随时进行下一步动作。

防守基本姿势（进攻球员运球时）

正面

目视前方，保证
能够眼观全场

左手手指自然分开

双膝微屈

🏆 **训练目的**

在对方球员快速移动时，防守基本姿势可以使自
己更加快速、灵活地移动，以防守对方球员的传
球或投篮。

🏀 **动作讲解**

　　和身体基本姿势相比，防守基本姿势更
需要降低重心，双脚分开至略比肩宽，双膝
微屈，双手向两侧张开，便于灵活移动及全
方位防守。

侧面

背部挺直

小提示

防守基本姿势需要降低重心，掌心朝
上，以便随时防守接球。

篮球基础

球性与移动

运球

传球

投篮

配合与掩护

防守基本姿势（进攻球员无球时）

正面

双臂屈肘，向两侧张开，掌心朝前

双膝微屈，重心下移

🏆 训练目的

此动作是在进攻球员开始运球时所使用的防守基本姿势，可以有效防止进攻球员突然传球或投篮。

🏀 动作讲解

进攻球员没有持球时，球员应双膝微屈，重心下移，保持身体稳定的同时便于灵活移动。双臂屈肘，向两侧张开，掌心朝前，随时准备防守。

肩膀、膝盖和脚尖位于一条直线上。

侧面

背部挺直

小提示

面向运球球员，双臂张开，手掌自然打开，身体放松，保持警觉，灵活防守。

三威胁姿势

重要程度
★

正面

目视前方，保证能够眼观全场

重心下移，从该姿势可以迅速转为投篮、运球或传球

🏆 **训练目的**

三威胁姿势是在任何情况下都能够进行投篮、运球或传球的姿势，熟练掌握此姿势，有助于球员灵活施展各类技巧。

动作讲解

　　双膝屈曲，重心下移，双手持球，双脚前后站立，做好投篮、运球或传球的准备。

侧面

注意上身不要过度前倾

小提示

双脚前后分开至与肩同宽，重心下移，保持身体稳定。双手持球，随时准备投篮、运球或传球。

篮球基础

球性与移动

运球

传球

投篮

配合与掩护

009

1.3 基础步法

小碎步

重要程度
★ ★

原地交替抬脚，
呈小碎步

🏆 训练目的

小碎步是在与对方球员距离较近时经常使用的防守动作，通过快速地侧向移动来进行防守，运动期间双腿不得并拢。

🏀 动作讲解

1.球员呈防守基本姿势，双手向两侧打开，便于防守。

2~4.脚跟微抬起，将重心落在脚掌上，原地交替抬脚，呈小碎步原地运动。

注意抬起的脚不要离地面过高。

小提示

此动作在防守时比较实用，如果对方球员移动的速度较快，用小碎步就可以增强反应能力，从而进行防守。由于这个步法非常消耗体力，运用得不熟练容易扭伤脚腕，所以需要勤加练习。

滑步

重要程度

★

①

②

右脚向右侧迈出一大步

🏆 **训练目的**

滑步是在与对方球员距离较近时经常使用的防守动作，通过快速地侧向移动达到防守的目的。

🏀 **动作讲解**

1.球员双膝微屈，展开双臂，呈防守基本姿势。

2.向右移动时，右脚向右侧迈出一大步，同时重心右移，双手动作保持不变，以便防守进攻球员。

左脚随着重心的转移，向右侧迈步。左脚侧面微微离地。

左脚向右侧移步

右脚继续向右侧迈步

左脚再次向右侧移步

动作讲解

3.左脚向右侧移步，向右脚靠近，回到起始姿势，注意双腿不要并拢。

4~5.右脚继续向右侧迈步，左脚继续向右侧移步，回到起始姿势。

滑步全程双脚不并拢，保持防守面积。

小提示

在脚步移动时重心要跟随脚步一起移动，躯干保持稳定，确保动作的连贯性。在熟练掌握向右侧移动后，可以换方向向左侧移动练习。该动作是防守时的基础动作，需要重点练习。

◀ 双腿时刻保持微屈，重心放低，保持身体稳定，双臂自然打开，便于随时进行防守。

交叉步

重要程度

★ ★

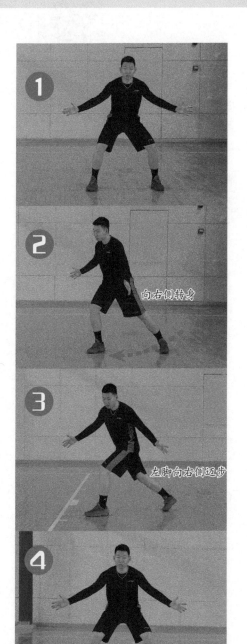

向右侧转身

左脚向右侧迈步

🏆 **训练目的**

交叉步的运动范围较大。在与对方球员距离较远或速度较快时，球员可以使用交叉步快速追上对方，有助于之后展开近距离的防守。

动作讲解

1.球员呈防守基本姿势。

2.双脚交叉向一侧迈步，恢复至起始姿势。

3~4.再交叉迈步至目标位置。其间双手动作保持不变。

在攻守转换时，可以利用交叉步快速进攻。

双脚起跳

双腿屈膝
60~90度

🏆 训练目的

双脚起跳是比赛中运用频率较高的起跳方法，球员双脚同时发力向上跳起，将球投向篮筐。

🏀 动作讲解

1. 双脚自然分开，屈膝屈髋，背部挺直。

2. 双脚发力向上跳起，双臂向上伸直。

3. 在到达最高处时投篮或抢球，落在原地。

重心保持在双脚之间，双脚同时发力跳起后落在原地。

单脚起跳

重要程度

★

双臂向上
摆动

🏆 **训练目的**

单脚起跳是用单脚向上跳起，可用于突破上篮、盖帽或争抢进攻篮板球。此动作的要点是要尽量跳得高，并且非起跳腿要有意识地向上提起。

动作讲解

1.双脚前后分开，屈膝屈髋，背部挺直。

2.前脚掌蹬地发力，单脚跳起，同时双臂向上用力摆动。

双脚一前一后，重心位于前脚，前脚掌蹬地用力跳起。

篮球基础

球性与移动

运球

传球

投篮

配合与掩护

跳步急停

重要程度
★ ★ ★

🏆 **训练目的**

跳步急停是在接球时随球移动并轻轻跳跃，在空中完成接球的动作，非常基础、常用，可以帮助球员更好地接球。

🏀 **动作讲解**

1. 球员呈无球准备姿势。

2. 看到有球传向自己时，双手向上，同时向前跳步，准备接球。

3. 跳起接球后轻柔落地，呈身体基本姿势（持球），双手持球于胸前，以避免对方球员抢夺。

脚尖发力，双脚向前起跳，腾空接球

双手掌心面向球来的方向。

双脚同时落地，分开站立，膝盖微屈，保持身体平衡

小提示

跳步急停是跳跃后双脚同时落地的一种接球方式，用此方式接球时，双脚都可以作为中枢脚完成旋转动作。

篮球基础

球性与移动

运球

传球

投篮

配合与掩护

跨步急停

重要程度
★ ★

🏆 **训练目的**

跨步急停与跳步急停的区别在于，其在接球后单脚交替落地，因此也被称为"单脚急停"。这两种动作球员都要熟练掌握，以应对赛场上不同的情况。

🏀 **动作讲解**

1.双脚前后分开，呈无球准备姿势。

2.看到有球传向自己时，双手向上，掌心朝外，同时左脚向前跨步，准备接球。

右脚脚尖着地

侧面图

侧面图

动作讲解

3.接球后左脚平稳落地。

4.右脚跟上双脚基本保持平行，呈三威胁姿势，双手持球于身体内侧，以防止对方球员抢夺，并做好投篮、运球或传球的准备。

小提示

准备接球时重心落于左脚。左腿在前，膝盖微屈，小腿与地面垂直；右腿在后，脚尖着地。落地后只能以先着地的脚为中枢脚。

◀ 双脚交替落地，接球后双脚分开，前后站立，膝盖微屈；右脚落地后，双脚基本保持平行。

90度前后转

重要程度

★★

右脚脚尖着地

🏆 **训练目的**

此动作以脚为轴让身体向前或向后旋转90度。通过适当的练习，球员便可以熟练掌握移动脚和轴脚的运动。

动作讲解

1.球员呈三威胁姿势，持球于身体右侧，双脚分开，微微屈膝。

2.以左脚为轴，身体逆时针旋转90度，右脚向左前方迈一大步。

3.右脚随之移步，双脚平行站立。

转动时保持球一直位于体前，不能掉落。

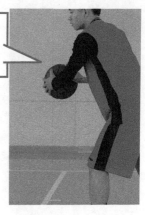

 动作讲解

4.回到起始姿势，准备向右侧转身。

5.以左脚为轴，身体顺时针旋转90度，右脚向右后方迈一大步。

6.右脚随之移步，身体继续旋转，恢复至起始姿势。

反面图

以左脚为轴，向右侧转身

背部挺直

小提示

注意前后转时要以不同的脚为轴，轴脚不能离开地面，脚跟随着身体转动微微抬起，膝盖在转动过程中保持微屈。此动作在接到侧面传球、转身投篮时经常使用。

180度前后转

重要程度

右脚脚尖着地

🏆 **训练目的**

与90度前后转相比，180度旋转对转体的精度要求更高，是避免防守球员触摸到球的一种护球技术。

🏀 **动作讲解**

1.球员呈三威胁姿势，持球于身体右侧，膝盖微屈。

2.以左脚为轴，身体向左侧旋转180度，右脚随着身体进行转动。

3.右脚移动至身体右侧。

4.身体转至起始姿势的反向。

小提示

转动时膝盖微屈，以左脚为轴，转动180度后，双脚之间的距离略比肩宽，将球置于身体左侧。

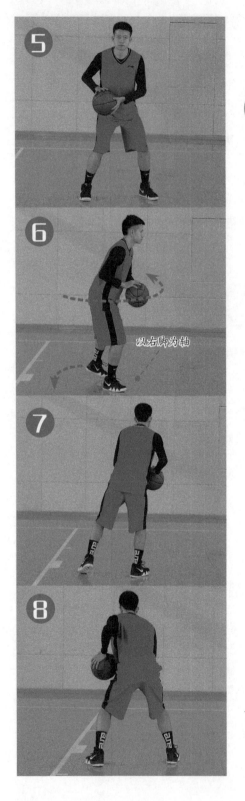

动作讲解

5.回到起始姿势，持球于身体右侧，膝盖微屈。

6.以右脚为轴，身体向右后侧旋转180度，左脚随着身体进行转动。

7.左脚移动至身体左侧。

8.身体转至起始姿势的反向。

双手掌心相对，用手指控球。平时应多接触球，以增强球感。

◀ 分别以左、右脚为轴进行转动，背部保持挺直，始终保持目视前方。

第 2 章
球性与移动

在比赛时，球员会凭借球性自然地进行相应的移动。所以球性与移动的练习尤为重要。

2.1 球性练习

球的移动（左右胯－左右耳）

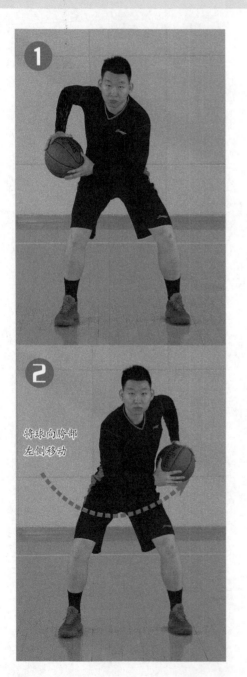

将球向胯部
左侧移动

🏆 **训练目的**

此动作是将球从胯部两侧移至两侧耳朵附近，球员通过练习，可以在比赛中灵活控制球的位置，从而有效避免对方球员的抢夺。

动作讲解

1.球员呈三威胁姿势，双膝微屈，躯干前倾。

2.双手将球从胯部右侧移动到胯部左侧，尽量保持身体其他部位动作不变。

小提示

保持身体稳定，双手持球于胯部，目视前方，防止对方球员抢夺。

③ 将球向右侧
耳部移动

④ 将球向左侧
耳部移动

 动作讲解

3. 将球从胯部左侧移到右侧耳部附近。

4. 依次将球移至左侧耳部、胯部左侧，然后恢复至起始姿势。

 细节图

小提示

双手持球，使球位于左、右侧耳部附近，避免对方球员抢夺。频繁练习，以增加动作的流畅性。

篮球基础

球性与移动

运球

传球

投篮

配合与掩护

球的移动（左右膝－头顶）

① 目视前方

② 身体微微左转

③

🏆 **训练目的**

此动作是将球依次移动到膝盖两侧和头顶的位置，使球员能够稳定控制球的位置，避免对方球员的抢夺。

🏀 **动作讲解**

1.球员呈三威胁姿势，双手持球于右膝处。

2.身体微微左转，将球移至左膝处。

3.直立，将球高举至头顶。

小提示

快速将球左右或上下移动，可迷惑对方球员使其无法抢球，以便进行下一步动作，如投篮或运球。

◀ 将球向左膝移动时要发力向下，随身体的摆动降低重心，将球移动到头顶后根据场上形势传球。

球的移动（膝 – 胯 – 耳）

篮球基础

球性与移动

运球

传球

投篮

配合与掩护

🏆 **训练目的**

此动作是将球在胯部、膝部及耳部来回移动，可以帮助球员在比赛中灵活控制球的位置，避免对方球员的抢夺。

🏀 **动作讲解**

1. 球员呈三威胁姿势，双手持球于胯部右侧。

2. 以左脚为轴，身体向前旋转90度，双手持球于膝部，右肩下沉。

3. 恢复至起始姿势。

小提示

在球的移动过程中，注意不要破坏身体平衡，应迅速、连贯地完成整个动作。

◀ 此动作在实战中多用于应对防守球员贴身防守，将球移动到胯部时，用肩部顶开防守球员，与之拉开距离。

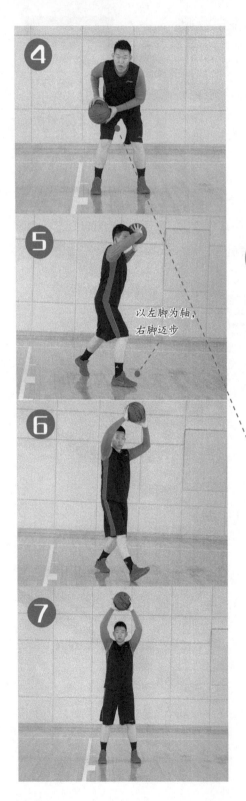

以左脚为轴,
右脚迈步

动作讲解

4.重心上移站立。

5.以左脚为轴,身体向前旋转,双手持球
移至左耳处。

6~8.收脚返回,直立,双手持球高举过
头顶,随后恢复到起始的三威胁姿势。

细节图

双手手掌持球,
护球于身体内侧

小提示

练习时,尽量不看球,想象有防守球
员在身前,移动球的位置,躲避防守,
寻找进攻机会。

膝盖绕球

🏆 **训练目的**

膝盖绕球旨在练习球在身体下段时手对球的掌控能力，要求球员在持球时有很好的协调性。

🏀 **动作讲解**

1.球员双脚自然分开，膝盖微屈，双手持球于膝前，目视前方。

2.右手持球，从膝盖右侧开始绕球。

3.右手绕球至膝后方时，左手接球。

4.左手绕球至膝前并将球传给右手。重复数次后，恢复至起始姿势。

小提示

膝盖绕球时，球员要目视前方，注意盘球过程中球不要碰到腿，避免球掉落。

篮球基础

球性与移动

运球

传球

投篮

配合与掩护

029

8字绕球

重要程度
★ ★

🏆 **训练目的**

8字绕球是指通过双手指尖控球，使球在双脚间按8字形的轨迹移动，其可以提升球员的控球能力。

🏀 **动作讲解**

1.双脚分开至宽于肩，屈膝，球置于地面，右手指尖触球。

2.右手指尖控球，将球经右脚前绕至右脚后。

3.向左脚前移动球，左手准备接球。

细节图

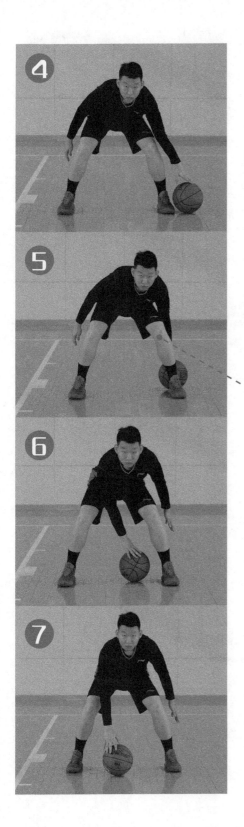

动作讲解

4~5.左手接球后，指尖控球，将球经左脚前绕至左脚后。

6.使球向右脚前移动，右手接球，继续使球按8字形的轨迹在双脚间移动。

7.重复数次后，恢复至起始姿势。

细节图

小提示

若刚开始无法做到不低头看球，则可以从低头看球慢慢过渡到不看球。注意使用指尖控球，球不要碰到脚。

颈部绕球

重要程度

★ ★

🏆 **训练目的**

颈部绕球训练的是球在头部周围时，球员对球的掌控能力。这要求球员在持球时有很好的协调性，在动作速度较快的同时，保证球不碰到头部。

动作讲解

1. 球员呈基本持球姿势，双手持球于胸前。

2. 右手持球，将球向头后移动。

手腕上翻，掌心朝上，右手托球。

小提示

在球的移动过程中，注意不要破坏身体平衡，应迅速、连贯地完成整个动作。

 动作讲解

3.将球传至头后，左手接球。

4.将球向头前移动，在头前将球传给右手，右手再将球经头后传给左手。

5.重复数次后，恢复至起始姿势。

侧面图

背部挺直

小提示

在头后运球时，注意动作协调迅速，避免球掉落。在颈部盘球过程中，不能盯着球。需要多多练习，增加动作的熟练程度。

躯干绕球

🏆 **训练目的**

此动作要求球员控球环绕躯干一周，从而提升围绕躯干运球的能力，并通过灵活运球避免对方球员的抢夺。

动作讲解

1.球员站立，双膝微屈，双手持球于胸前，呈准备姿势。

2~3.右手持球，将球从右侧向腰后移动。

运球过程中，注意球与身体尽量保持一定距离。

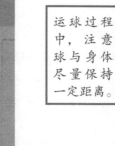

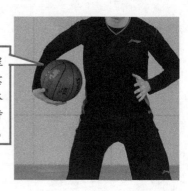

背部挺直

 动作讲解

4.将球传至腰后，左手接球。

5.左手运球至身体前方，将球传给右手。

6.右手再从腰后将球传给左手。重复数次后，恢复至起始姿势。

细节图

小提示

躯干绕球可以迷惑对方球员，使其无法进行抢球，便于下一步投篮或运球。

胯下绕球

🏆 **训练目的**

胯下绕球是为了让球员更好地控制处在双腿之间的球，从而使运球前进的方式更丰富多变。其常用于篮球训练前的准备活动。

🏀 **动作讲解**

1. 球员屈膝屈髋，双脚分开至宽于肩，双手持球于双膝之间。

2. 右手持球穿过左侧胯下，在左腿后将球传给左手。

3. 左手持球绕到身前，右手进行辅助。

细节图

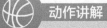

动作讲解

4～5.左手持球穿过右侧胯下,将球传给右手。

6.右手持球绕到身前,传球给左手。重复数次后,恢复至起始姿势。

细节图

重心下移,
保持身体稳定

小提示

在球的移动过程中,注意不要破坏身体平衡,应迅速、连贯地完成整个动作。

单脚绕球

🏆 训练目的

此动作是让球围绕脚部呈环形移动，以练习球在脚周围时手对球的掌控能力，增强协调性。

🏀 动作讲解

1.双脚前后分开一大步，屈膝屈髋，球置于右脚前方，右手指尖触球。

2.指尖绕球至右脚后方，左手准备接球。

3.左手接球后，指尖绕球至右脚前方，右手准备接球。

4.恢复至起始姿势。整个过程中双脚位置保持不变。

球始终位于地面

目视前方，不要看球

小提示

目视前方，不要看球。右手用食指、中指和无名指的指尖发力，控制球的移动，注意不要用整个手掌去控球。

S形绕球

侧面图

🏆 训练目的

此动作是用双手的指尖控制球的移动，使球在双腿间按S形轨迹移动，反复练习此动作可以提升球员的控球能力。

动作讲解

1.双脚平行分开至宽于肩，屈膝屈髋，球置于右脚前方，右手指尖触球。

2.右手指尖控球，将球从右脚前绕至右脚后，再向左前绕球。

3.继续向左脚前移动球，左手接球。

篮球基础

球性与移动

运球

传球

投篮

配合与掩护

将球绕至左脚外侧停住，开始沿原路返回

球始终位于地面，在双脚间的移动轨迹呈S形

动作讲解

4.左手指尖控球，将球从双脚之间绕到左脚外侧。

5.将球从左脚前外侧绕回双脚之间。

6.向右脚后侧绕球，右手接球，使球以S形轨迹在双脚间来回移动。

7.恢复至起始姿势。

小提示

绕球过程中目视前方，不要看球。

使用指尖控球，球不要碰到脚。

背后拨接绕球

🏆 **训练目的**

此动作是利用手腕的力量进行抛接球，比赛中一般在传球或过人时使用，能够很好地迷惑对方球员，同时迅速将球传出。

动作讲解

1.球员呈三威胁姿势，双手持球于胯前。

2.右手持球，向背后绕球。

背面图

 动作讲解

　　3.右手绕球至背后时，以手腕带动手指发力向左上方拨球。

　　4.球落到肩部位置时，用左手接球。

　　5~6.回拨球传给右手，右手接球。

侧面图

小提示

　　拨球时，保持身体稳定，力度适中，身体不要随球左右晃动。

快速全身绕球

🏆 **训练目的**

快速全身绕球是一项综合性绕球练习，将球按照头部、腰部、腿部的顺序，依次环绕一周。球员熟练掌握此动作有助于增强控球能力及球感。

动作讲解

1.双脚分开至与肩同宽，双手持球于胸前。

2~3.右手持球，从右侧将球绕至脑后，左手接球。

侧面图

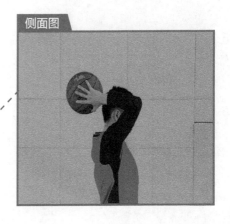

篮球基础

球性与移动

运球

传球

投篮

配合与掩护

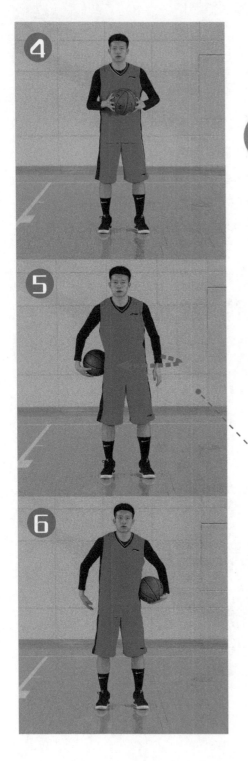

动作讲解

4. 左手将球绕至胸前，双手持球。

5. 右手持球，以腰为轴，从右侧向腰后绕球，左手自然下垂。

6. 当球绕至腰后时，左手接球，然后单手绕球至腹前，右手接球。

侧面图

小提示

在身后单手绕球时，手腕内扣，使球始终与身体保持一定距离。

 动作讲解

7.双膝微屈，重心下移，双手持球俯身，将球置于双膝前。

8.右手持球，从右侧向膝后绕球。

9.左手于膝后接球，将球绕至双膝前。

侧面图

◀ 此动作在刚开始练习时，球不好掌控，注意利用手臂的惯性带动球。

篮球基础

球性与移动

运球

传球

投篮

配合与掩护

头部转腰部绕球

🏆 **训练目的**

头部转腰部绕球在头部和腰部绕球的基础上，提高了难度的动作。此动作是将球从头部转到腰部，球员应反复练习。

🏀 **动作讲解**

1.双脚分开站立，双手持球于胸前，目视前方。

2.右手掌心朝上，单手持球从头部右侧开始绕球。球不能贴着头部，要快速绕球。

3.球位于头后时，左手接球。

小提示

此动作是为了训练当球从身体上段转中段时手对球的综合掌控能力。整个动作要迅速、连贯。

 动作讲解

4. 左手绕球至胸前，将球传给右手。

5. 右手将球从胸前移至腰部，从腰部右侧开始向体后绕球。

6. 球位于腰后时，左手接球，将球绕回体前，然后右手接球，恢复至起始姿势。整个过程中双脚位置保持不变。

侧面图

◀ 练习此动作时全程保持身体直立，背部挺直。

后背转头部绕球

🏆 训练目的

后背转头部绕球是将球从体后转到头部左侧，之后再绕到体前的动作。反复练习此动作，可以提升球员的控球能力，减少丢球。

🏀 动作讲解

1.球员站立，双手持球于体前。

2.右手持球，从腰部右侧向体后绕球，左手于体后接球。

3.左手持球，向体前绕球。

侧面图

动作讲解

4.恢复至起始姿势,双手持球。

5.右手持球向上,从头部右侧开始向头后绕球。

6.球绕至头后方时,左手接球,向体前绕球。恢复至起始姿势,继续练习。

细节图

小提示

绕球时,球员既要目视前方,观察场上情况,又要注意运球,避免球掉落。球员需多加练习,以确保动作流畅、准确。

腰部转腿部绕球

🏆 **训练目的**

腰部转腿部绕球是将球从腰部转到腿部的动作。反复练习此动作，能够有效增强球员的球感，提升手对球的掌控能力。

🏀 **动作讲解**

1. 球员站立，双手持球于体前。

2. 右手持球，从腰部右侧开始向体后绕球。同时左手自然下垂，置于身体左侧。

3. 球从腰部右侧绕至左侧后，左手接球。

小提示

通过练习此动作，球员可以掌握当球从身体中段转向下段时手对球的综合掌控能力。

背部挺直，重心下移，保持身体稳定

 动作讲解

4.左手绕球至体前，右手触球。双膝屈曲，重心下移，双手持球于双膝前。

5.右手持球，将球绕至双膝后。

6.左手在双膝后接球。

7.左手带球绕至双膝前，右手触球，双手持球。

侧面图

小提示

整个绕球过程中，尽量不看球，体会球在不同位置时，双手掌控球的技巧，增加球感。

腿部转腰部绕球

🏆 **训练目的**

腿部转腰部绕球是将球从右腿旁绕到左腿旁，之后再从腰部右侧绕到腰部左侧的动作。其间要有意控制绕球的速度与节奏。

🏀 **动作讲解**

1.双脚自然分开，膝盖微屈，双手持球于膝盖前方。

2.右手持球，从膝盖右侧开始向体后绕球。左手自然下垂，置于身体左侧。

3.右手绕球至膝盖后方时，左手接球。

侧面图

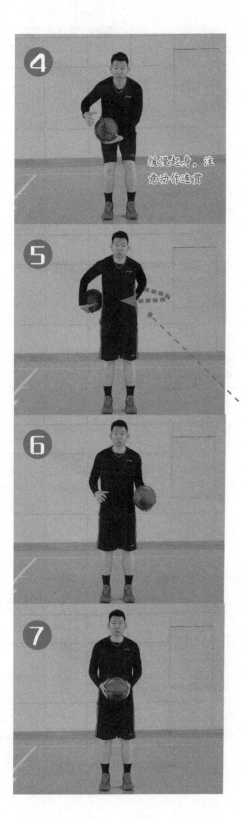

缓慢起身，注意动作连贯

侧面图

 动作讲解

4.左手将球绕至腰部右侧，同时缓慢起身，直到呈站立姿势，背部挺直。

5.右手接球，从腰部右侧向体后绕球。

6.球绕至体后时，左手接球。

7.左手绕球至体前，双手持球。

小提示

该动作讲究连贯性，当从腿部向腰部绕球时，上身抬起，右手接球，并保证球不掉落。

背后拨球（左手）

🏆 **训练目的**

背后拨球（左手）是用左手从背后将球传给右手的动作，难度较大，熟练掌握后有助于增强球感，在比赛中让防守球员措手不及，从而成功将球传至队友。

🏀 **动作讲解**

1.球员呈基本持球姿势，双手持球于体前。

2.左手持球，从腰部左侧向后绕球。

球从腰部左侧向后移动

背面图

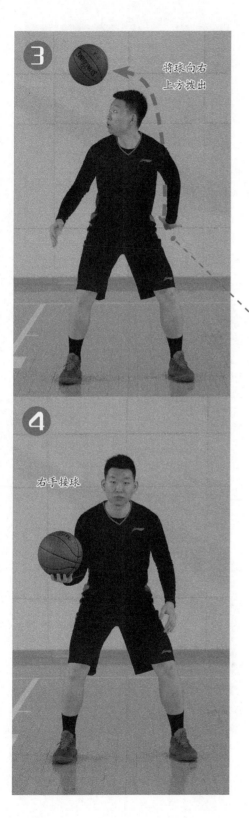

③

将球向右上方拨出

④

右手接球

动作讲解

3.当球绕至背后时，用左手手腕的力量将球向右上方拨出，躯干保持不动。

4.当球下落到与肩部同高时，头偏向右侧，注意观察球的位置，用右手迅速接球。

侧面图

小提示

背后拨球（左手）是控球时的一个重要动作。大部分人因为左手的控球能力较弱，所以平时一定要勤加练习此动作，减少失误。

◀ 此动作2~3步骤要连贯进行，手臂向后移动时手腕顺势发力向上拨球，通过练习提升球感。

背后拨球（右手）

重要程度
★ ★

球从腰部右侧
向后移动

🏆 训练目的

背后拨球（右手）是用右手从背后将球传给左手的动作，可以很好地锻炼球在背后时的球感，以便球员在有人盯防的情况下进行传球、运球。

🏀 动作讲解

1.球员呈基本持球姿势，双手持球于体前。

2.右手持球，从腰部右侧向后绕球。

背面图

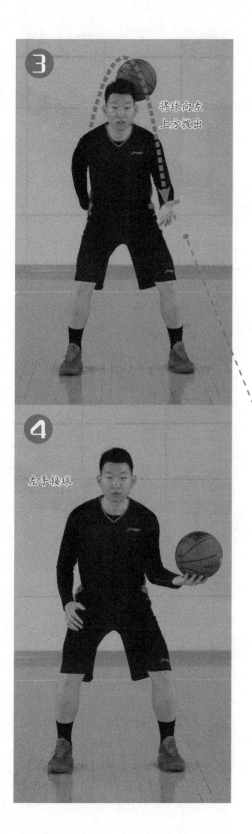

将球向左
上方拨出

左手接球

 动作讲解

　　3.当球绕至背后时，用右手手腕的力量将球向左上方拨出，躯干保持不动。

　　4.当球下落到与肩部同高时，头偏向左侧，注意观察球的位置，用左手迅速接球。

侧面图

小提示

背后拨球（右手）是控球时的一个重要动作，在场上可以很好地迷惑对方球员。练习时手掌持球，使球与身体保持一定距离，并保持躯干稳定。

篮球基础

球性与移动

运球

传球

投篮

配合与掩护

2.2 移动练习

▶ 蹲起运动

重要程度
★ ★

🏆 **训练目的**

此练习的目的是掌握练球的基本姿势。反复进行下蹲、起身练习，有助于更好地掌握练球的基本姿势。

🏀 **动作讲解**

1.双脚分开至与肩同宽，膝盖微屈，双臂屈肘，双手掌心朝外置于胸前，呈持球姿势。

2.起身呈直立姿势，双手位置和姿势保持不变。

3.屈膝，重心下移，下蹲至大腿与地面平行。

4.起身至膝盖微屈。整个动作双手位置和姿势保持不变。

小提示

双手位置和姿势始终不变，双脚分开，与肩同宽，背部挺直，保持身体稳定，目视前方。

上步

重要程度

★ ★

🏆 训练目的

上步与滑步相同，双脚不交叉，只是向前运动，是为了缩短与对方球员的距离而使用的一种步法。

🏀 动作讲解

1.球员呈基本防守姿势，双脚前后分开，前方手臂上抬，手掌张开向前，后方手臂在体侧张开，掌心朝下。

2~3.躯干保持不动，以前进步向前移动。双脚始终前后分开，后脚紧跟前脚移动，前方手臂在身体上方防守拦截，后方手臂在身体下方防守拦截。

小提示

膝盖屈曲，保持重心稳定。根据对方球员的位置灵活变换脚步，协调双手动作，以进行有力拦截。

后撤步

重要程度
★ ★

🏆 **训练目的**

后撤步与前进步相同，双脚不交叉，是依靠蹬力向后撤的一种步法。该步法既可以防止对方球员抢夺，也可以用于边后撤边防守，伺机传球。

🏀 **动作讲解**

1.球员呈基本防守姿势，双脚前后分开，双手前后位于身体两侧，掌心朝外。

2.躯干保持稳定，以后撤步向后移动。双脚始终前后分开，前脚紧跟后脚移动。

3.双手交替抬起、落下，手与脚的动作要有一定节奏，随时准备防守拦截。

小提示

后撤步是在对方球员要突破防守时所使用的一种步法，要求在移动过程中，注意和对方球员保持合适的距离。

防守脚步练习

重要程度

★

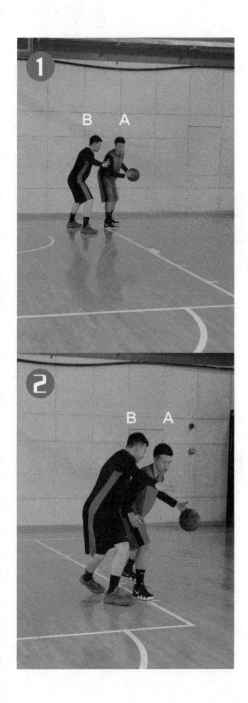

🏆 **训练目的**

此练习的目的是让球员能够熟练、快速地在滑步与交叉步之间转换，便于进行防守和拦截。

🏀 **动作讲解**

1.球员A与球员B在端线站立。球员A变速运球前进，球员B紧跟球员A，在球员A移动速度较慢时使用滑步。

2.球员A到达禁区线位置时突然加速，球员B立刻调整为交叉步。

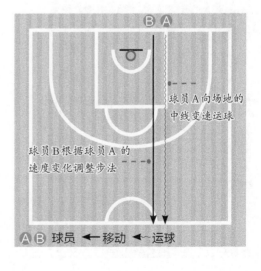

球员A向场地的中线变速运球

球员B根据球员A的速度变化调整步法

Ⓐ Ⓑ 球员 ← 移动 ← 运球

箱子滑步

1　用滑步向左侧
禁区线移动

2　向左侧转体，用滑步
向右上方移动

3　用滑步向左侧
禁区线移动

4　向右侧转体，用滑
步向右下方移动

🏆 训练目的

箱子滑步是利用场地内的限制区，练习防守的步法，有助于球员充分利用球场空间提高横向移动及转身的速度。

🏀 动作讲解

1~4.沿限制区底线、对角线、罚球线、对角线的路线横向滑步移动。

小提示

箱子滑步要求球员能够灵活迅速地使用滑步完成各个方向的移动。

◀ 此动作主要是帮助球员更加熟悉滑步的动作，以及球场上滑步的运用。

3分线滑步

🏆 **训练目的**

3分线滑步是为了使球员更加熟练地掌握滑步，在比赛中可以有效防止对方进攻球员接近篮筐。

🏀 **动作讲解**

1. 球员在底角3分线上呈防守基本姿势，沿着3分线，使用滑步移动。

2. 到达另一侧的底角3分线后，使用滑步沿原路返回。

小提示

球员应以滑步的方式沿着3分线往返运动，速度无须过快，但动作应连贯、流畅。

篮球基础

球性与移动

运球

传球

投篮

配合与掩护

063

圆圈滑步

🏆 **训练目的**

在熟练掌握滑步的基本动作后，便要开始提升滑步的速度。进行此练习要沿着球场的中圈滑步，可以和对方球员比赛谁先完成一圈。

🏀 **动作讲解**

1.两名球员相对站在中圈线上，呈基本防守姿势。

2.听到口令后，二人沿着中圈线以同样的方向进行滑步。

3~4.到达起始点正对面的位置以后，继续用滑步返回起始点。

小提示

球员要时刻注意自己的滑步是否变成了前后移动。两名球员一起练习时既要竞争，也应互相提醒，互相纠正，共同进步。

罚球区防守滑步

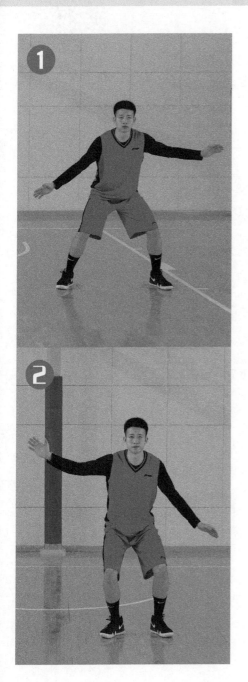

🏆 **训练目的**

罚球区防守滑步是指球员在罚球区内，用滑步从边线的一侧移动到另一侧，练习在防守时侧向移动的步法。熟练掌握此步法便于进行有效防守和拦截。

动作讲解

1. 球员站在罚球区内，呈防守基本姿势。

2. 听到口令后进行滑步。到达起始点正对面的位置以后，用滑步返回起始点。

小提示

过程中要保持速度均匀，开始时可以先练习步法，熟练后可以变换速度来进行。

篮球基础

球性与移动

运球

传球

投篮

配合与掩护

罚球区线碎步扬手接近和撤步防突破

重要程度

★ ★ ★

🏆 **训练目的**

罚球区线碎步扬手接近和撤步防突破可以训练球员快速防守和拦截的能力，从而提高球员的速度。

🏀 **动作讲解**

1.球员从篮球架下罚球区的一角沿禁区线跑到另一端。

2.双手向上碎步接近进攻者，呈基本防守姿势。

3.沿罚球线滑步至对面一端。

4.沿另一侧禁区线后退跑回篮球架下，呈基本防守姿势，然后滑步至起始点。

小提示

注意不要超出罚球区范围。勤加练习，提升动作流畅度和准确度。

跳停、转体

🏆 **训练目的**

跳停、转体是非常重要的步法之一，指用跳步急停的方式有控制地停止奔跑，可以帮助身体记住这一动作和感觉。

🏀 **动作讲解**

1.运球球员A和接球球员B站在边线后。

2.球员A运球前进，向禁区线移动。球员B靠近边线，等待接球。

3.球员A运球至接近禁区线时，跳步急停，双脚落在禁区线上，双手持球转身，球员B准备接球。

4.球员A将球传给球员B。球员A回到起始位置，与球员B互换角色，用同样的方法继续练习。

小提示

为了进一步加强停止的练习，可以在跳停之后轻轻地弯曲、伸展膝盖2~3次，然后呈基本姿势。

1对1Z字形攻防练习

🏆 训练目的

此练习是让球员将球举过头顶，在保持上身平衡的情况下进行滑步。该练习并不强调手的动作，所以球员可以将注意力集中在步法上。

🏀 动作讲解

1. 运球球员A和防守球员B在禁区线附近持球站立。

2. 球员A开始运球，球员B将球举过头顶，用滑步紧随球员A。两球员沿Z字形的运动轨迹移动。

3~4. 球员A一手运球，另一手注意防守，用于保护球。

小提示

球员应保持重心降低，因为如果重心过高就无法及时对对面球员做出反应。运球球员要以防守球员不尽全力就跟不上的速度前进。

动作讲解

5~8. 运球球员根据防守球员的位置和运动进行运球，适当变换球的位置，注意保护球不被拦截。

小提示

两球员沿 Z 字形的运动轨迹到达另一侧禁区线后，互换角色，用同样方法练习，返回起始位置。

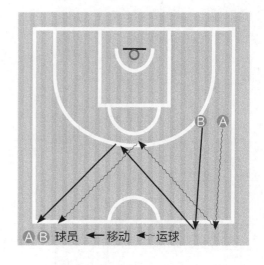

Ⓐ Ⓑ 球员　← 移动　← 运球

篮球基础

球性与移动

运球

传球

投篮

配合与掩护

"剃须"练习

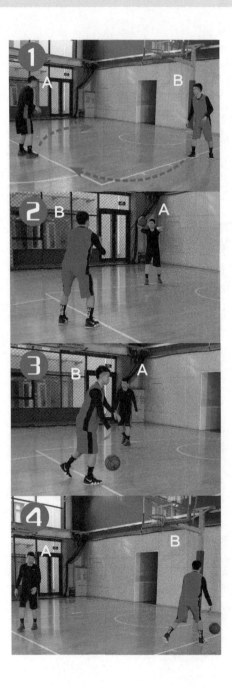

🏆 **训练目的**

"剃须"练习的目的是让球员在成功接球后，能流畅地完成转身、运球等一系列动作，或者能在停止运球后快速转身，继而传球。

🏀 **动作讲解**

1.球员A双手持球，呈基本姿势站立于罚球线中点，球员B站在禁区线中点。

2.球员A运球前进至对侧禁区线中点后转身，同时球员B跑至罚球线中点，面向球员A。球员A将球传给球员B。

3~4.球员B转身运球至其起始位置，停住，转身。同时球员A跑至其起始位置，面向球员B。

小提示

运球时使用外侧手臂。停止时不使用跳停，而使用直停。同时，灵活使用前转和后转传球，既可加快传球速度，也可防止对方拦截。

第3章
运球

运球是篮球比赛中非常重要的进攻技术。不仅适用于个人进攻，还可以用于组织全队进行战术配合。有目的地运球可以突破防守、发动进攻、调整位置，寻找合适的机会进行传球和投篮。

3.1 基础练习

运球的基本姿势

持球姿势

🏆 **训练目的**

此动作是持球、运球、传球时的基本手部姿势，是打篮球的基础动作，球员们需熟练掌握。

🏀 **动作讲解**

持球姿势是五指张开，用五指持球。尽量使张开区域的面积达到最大，以确保稳定持球和控球。掌心不要触碰球。

拍球最后需要以腕关节为轴，用手腕和手指的力量拨球。应用手腕带动手指拨球，其间不要用手掌触碰球，而应用五指的指腹去触碰球。

拍球姿势

基本运球准备姿势

正视

不要低头，将视线放远，尽量看到全场的情况

上身略微前倾，背部挺直

双膝屈曲，重心下移

侧视

右手掌心朝下，五指张开，掌心不要触碰球

动作讲解

基本运球姿势是所有球员在运球过程中的基础姿势，在此基础上可以结合速度和其他技巧产生不同的运球方法。基本运球姿势要求球员双膝屈曲，重心下移，上身略微前倾，目视前方，眼观全场，一手稳定控球，另一手护球，防止对方球员抢夺。

小提示

熟练掌握和运用拍球姿势是打篮球的基础，拍球时不能盯着球，而应观察场上形势和对方球员的动作，及时做出准确判断，为下一步行动做好准备。

篮球基础

球性与移动

运球

传球

投篮

配合与掩护

基本运球

🏆 **训练目的**

基本运球是球员在原地或移动过程中，用单手连续拍按由地面反弹起来的球的动作，是球员运球、传球的基础。

🏀 **动作讲解**

1.双脚分开至略宽于肩，膝盖弯曲，重心下移，目视前方。

2.右手持球，以右手手腕为轴，用手腕和手指的力量向下运球，左手在体前护球。

3.球接触地面弹起后，右手接球，左手护球，双脚位置不变。

细节图

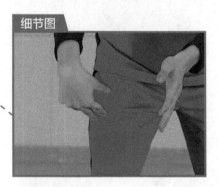

小提示 ✏

运球过程中，需要压腕拨球。

无防守运球

🏆 **训练目的**

无防守运球是在离防守较远的位置进行运球的方式，有利于球员判断比赛形式，为之后的传球、投篮做好准备。

🏀 **动作讲解**

1.球员A站在3分线内，呈基本持球姿势。球员B站在球员A对面的篮筐下，呈基本防守姿势。

2.球员A运球跑步至禁区线。

3~4.球员B进行防守和拦截，球员A则一手运球，另一手进行防守和护球。

小提示

体前运球时非常容易被防守球员抢走球，所以应尽量保证球在身体两侧，并用另一侧手护球。

篮球基础

球性与移动

运球

传球

投篮

配合与掩护

075

有防守运球

重要程度

★ ★

🏆 **训练目的**

在防守球员距离持球球员较近时，持球球员便可进行有防守运球。此运球方式可以防止防守球员抢球，同时有利于持球球员寻找机会突破防守进行传球或投篮。

🏀 **动作讲解**

1.球员A呈基本运球姿势，球员B呈基本防守姿势（进攻球员运球时）。

2~4.球员A一手运球，另一手进行防守和护球。球员A在防守过程中不能看球，要寻找机会突破防守，准备传球或投篮。

细节图

摆脱防守后快速运球

重要程度

★ ★ ★

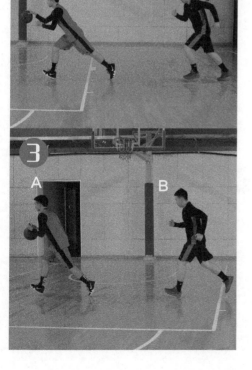

🏆 **训练目的**

摆脱防守后快速运球是通过快速运球来避开防守和拦截的一种打法。运用此打法，球员可以快速运球至篮筐下并直接进行投篮。

动作讲解

1.球员A持球站在禁区线附近位置，球员B站在3分线附近位置。

2~3.球员A从禁区线处快速运球，球员B从3分线处追赶。球员A大步快速运球前进，甩开球员B。

小提示

有防守快速运球要求持球球员熟练、快速、灵活地运球，运球过程中不要看球。

直线运球（虚晃）

 训练目的

直线运球（虚晃）也称作内外运球，能让进攻球员利用重心的变化，通过在体前单手控球变向来摆脱防守，即"in-out"。

动作讲解

1. 进攻球员开始运球。

2. 降低重心运球，准备进行体前单手控球变向，非持球手注意护球。

小提示

运球时，球的反弹高度不宜过低，应高于膝盖，便于体前单手控球变向时掌握球。变向时，注意重心也要随之转移，同时屈膝以保持身体稳定。

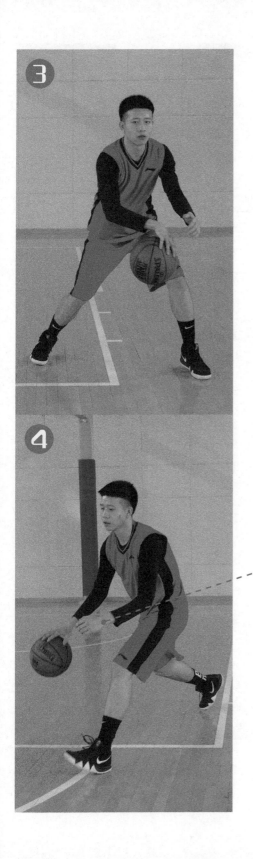

动作讲解

3.快速跨出左脚，重心左移，持球由右侧向左侧横向移动，配合眼神，使防守球员误以为要运球向左前进。

4.重心快速右移，同时向右侧运球移动，变向时可抬起非持球手对球进行保护。防守球员来不及变向，进攻球员即可摆脱防守。

细节图

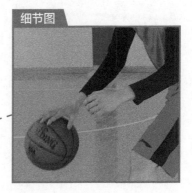

直线运球（变速）

🏆 **训练目的**

在直线运球摆脱防守时，可以利用速度的变化摆脱防守。该动作也能让球员利用重心变化产生势能，从而获得进攻机会。

🏀 **动作讲解**

1. 面对防守球员时，进攻球员运球前进，目视前方，吸引防守球员靠近，假意突破急停，降低重心。

2. 忽然起身，提高重心，非持球手假意去持球。

3. 若防守球员重心被晃起，进攻球员则突然发力跃起，向一侧突破，摆脱防守。

小提示

在做变速的动作时，进攻球员忽然停下，假装进行传球或投篮，干扰防守球员的判断，在其未反应过来时，迅速运球前进，全程注意抬头观察防守球员的反应。

体前变向（单人）

重要程度

★ ★ ★

🏆 **训练目的**

体前变向（单人）的运球难度相对较低，它是让球在身体前方左右移动的技术。熟练掌握此技术有助于球员带球过人或变换方向。

🏀 **动作讲解**

1.球员呈基本持球姿势，双手持球于身体一侧。

2.向前正常运球，右手持球，模拟防守球员在身前。而后突然降低重心向右侧假意突破，然后在体前将球向左运，球的落点在双脚之间。

3.球向左反弹，身体重心随球的方向移动到左侧，从右手运球换为左手运球。

4.左手持球，迅速向前运球前进，加速突破。

小提示

运球时突然变向，会让防守球员难以预测你的下一步动作。可以和虚晃运动结合使用。

体前变向（带防守）

🏆 **训练目的**

体前变向（带防守）是一种常用的运球技巧，可以帮助球员通过运球突破防守，从而展开进攻或传球。

 动作讲解

1.球员B在球员A的运球线路上进行阻挡，球员A左手护球。

2.球员A降低重心运球，缓慢靠近球员B。接着球员A重心前移，在身体右侧运球，吸引球员B将重心转移到自己的右侧。

3.趁球员B的注意力集中在右侧时，球员A左脚向前迈步，并做体前变向，将球运向左手。

4.在球员B转身阻拦时，球员A右腿迅速向左迈步，加速运球，摆脱球员B。

小提示

进攻球员使用体前变向（带防守）运球时，运球的手在体前交换，正好把球暴露给了防守球员，所以很容易造成失误。因此，该技巧只有在与最近的防守球员至少有一臂的距离时才可以使用。

胯下运球（单人）

重要程度

★ ★

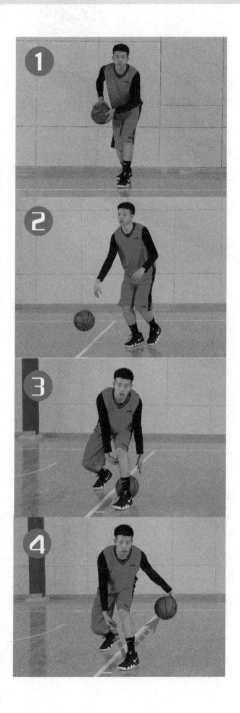

🏆 训练目的

胯下运球是控球训练的一种，该技术的优势在于，球员向前迈出的腿可以用于护球，使球不容易被防守球员抢断。在比赛中，球员可以将其作为假动作或在变向时使用。

动作讲解

1. 球员双手持球于身体右侧，然后右手持球，左手护球，运球前进。

2~3. 重心下移，利用腕力向下拨球，使球在双腿之间穿过。左手接住穿过双腿之间从地面弹起来的球。

4. 起身的同时右脚向前迈步，并用非持球手护球。保持低重心，迅速向前运球。

小提示

胯下运球与体前变向不同，因为向前迈出的腿起到了阻挡防守球员的作用，所以在与防守球员距离很近的情况下也可以使用。

胯下运球（带防守）

🏆 **训练目的**

在与防守球员距离较近时，可以使用胯下运球（带防守）在双脚间进行变向运球，突破防守。胯下运球（带防守）在比赛中常被使用，需要球员熟练掌握。

🏀 **动作讲解**

1.两人一组进行训练，球员A运球，球员B阻拦。

2.球员A运球前进至球员B身前，保持在身体右侧运球。

3.球员A右腿向后撤一步，准备进行胯下运球。

小提示

胯下运球（带防守）可以让球员在用双腿护球的同时，转变方向。球员重心下移，双腿前后分开，在双腿之间运球。在和防守球员距离较近时使用该打法非常有效。

动作讲解

4.球员A重心下移，利用腕力向下拨球，使球在双腿之间穿过。

5.球员A左手接住穿过双腿之间从地面弹起来的球。

6.球员A起身的同时向左侧运球移动，注意重心不要太高，用非持球手挡在防守球员与球之间，快速向前移动。

小提示

用右手在体前护球，防止球被防守球员抢走。

绕锥桶体前变向

🏆 **训练目的**

绕锥桶体前变向是让球在身体前方左右移动的技术，有助于球员灵活地掌握运球技巧，常用于过人或变换方向。

🏀 **动作讲解**

1.球员呈基本持球姿势，双手持球于身体一侧，前方放置3个锥桶。

2~3.右手开始运球，在靠近第一个锥桶时，运球做体前变向，换成左手运球，从左侧绕过第一个锥桶。

小提示

在场上推进，被防守球员阻挡了推进的线路时，常会用到体前变向。运球时保持抬头，目视前方。

 动作讲解

4.左手运球,来到两个锥桶之间。

5.继续做体前变向,左手使球击地,右手接球。

6.从右侧绕过第二个锥桶,右手运球。后续同样做体前变向,绕过第三个锥桶,完成动作。

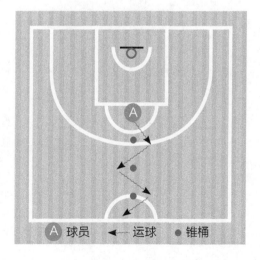

Ⓐ 球员 ◄--- 运球 ● 锥桶

胯下运球（单手绕桶）

重要程度

★ ★ ★

🏆 **训练目的**

胯下运球（单手绕桶）是球员通过使篮球从胯下来回穿过的方式，进行的绕锥桶练习，能帮助球员提升控球能力，从而灵活躲避防守。

🏀 **动作讲解**

1.球员双脚前后分开，右手持球，向前运球。

2~3.靠近第一个锥桶时，重心下移，利用腕力向下拨球，做胯下运球，使球从双腿之间穿过，左手接球。

正面图

动作讲解

4.左手向前运球，右脚向前迈步，同时重心微微提高。

5.在第一个锥桶和第二个锥桶之间时，再做胯下运球，右手接球。

6.重心降低，从第二个锥桶右侧绕过。

7.右手继续运球，在第二个锥桶和第三个锥桶之间做胯下运球，完成动作。

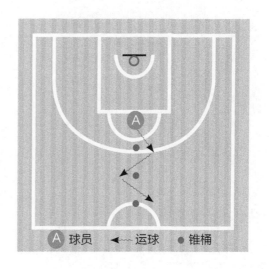

Ⓐ 球员　←⋯⋯ 运球　● 锥桶

◀ 在练习时要把锥桶当作防守球员，每过一个锥桶都要充分完成胯下运球动作，重点感受胯下运球突破的节奏。

背后运球（单人）

🏆 **训练目的**

背后运球是指在身后左右移动球，通常在与对方球员距离较近时使用。该技术难度系数较高，需要多次练习才能熟练掌握。

🏀 **动作讲解**

1.双手持球，呈准备姿势，双脚一前一后，膝盖微屈。

2.右手运球推进，模拟防守球员在身前。

3.突然急停，降低重心，迅速停球，在身后双脚之间做击地运球，将球传给左手。

4.侧身从左侧继续运球。

小提示

运球的过程中要保持大力低重心运球，运球点位于膝盖外侧，运球要果断、迅速。

◀ 在练习时可以模拟防守球员在身前。做背后运球是为了越过防守球员，所以运球后要迅速向另一侧突破，摆脱防守。

背后运球（带防守）

★ ★ ★

🏆 **训练目的**

在运球前进时，如果遇到对方球员堵截一侧，而且距离较近时，便可采用背后运球（带防守），用整个身体阻挡，让对方球员无法预测你的进攻方向。

🏀 **动作讲解**

1.球员A呈三威胁姿势，球员B站在球员A对面，呈防守基本姿势（进攻球员运球时）。

2.球员A运球进攻，球员B上前防守。

3.球员A在球员B身前降低重心，背后运球，快速变换持球手。

4.球员A转移重心至左脚，左手持球顺势改变进攻方向，从左侧突破，摆脱球员B。

小提示

在运球过程中，当与防守球员距离较近时，可以使用背后运球（带防守）。因为这时进攻球员的身体已经将球与防守球员阻隔开来。

篮球基础

球性与移动

运球

传球

投篮

配合与掩护

背后运球（绕桶）

重要程度
★ ★ ★

🏆 **训练目的**

背后运球（绕桶）可以帮助球员提升背后运球的能力，并且积累多种护球经验，以在赛场上灵活应对不同情况。

动作讲解

1.球员呈基本持球姿势，双手在身体右侧持球，双腿微屈。

2~3.左手运球向第一个锥桶的左侧移动，在第一个锥桶前减速做背后运球，右手准备接球。

小提示

先将持球手拉到身后，在背后运球。然后用对侧手接球并继续向前运球。第二次运球后再次换持球手，用身体和非持球手护球。

 动作讲解

4.右手接球后,继续运球向右侧移动。

5.在第二个锥桶前时,右脚向右迈步做背后运球,右手接球并运球,向右侧移动。

6.左脚迈步,在第三个锥桶前重复做背后运球,完成动作。

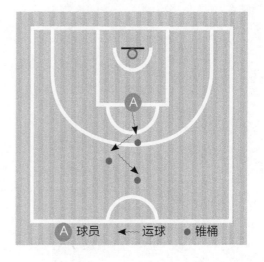

Ⓐ 球员　◄---- 运球　● 锥桶

转身运球（单人）

🏆 **训练目的**

转身运球（单人）是在运球时转身，可以使球员在赛场上有效地突破防守。球员通过多练习此动作，能够加快转身速度。

🏀 **动作讲解**

1. 球员双脚前后分开，准备向前运球。

2. 右手运球前进，然后模拟防守球员在身前，做转身运球动作。

3. 降低重心，双脚一前一后，以左脚为轴，迅速向后转身，同时右手靠惯性运球，使球一直保持在身体前方。

4. 转身后，换手运球快速前进。

小提示

转身运球（单人）的要点是，在转身时要以前脚掌为轴，并降低重心；同时手臂伸直，将球向身体后方移动。

转身运球（带防守）

重要程度
★ ★ ★

🏆 **训练目的**

转身运球（带防守）可以让球员在变向时将身体置于球和防守球员之间，从而保护球不被拦截，是一种非常有效的移动进攻方式。

🏀 **动作讲解**

1.球员A双手持球做准备，球员B进行防守，两名球员相距两步。

2.球员A运球前进，靠近球员B时，一手运球，另一手护球；运球时不能看球，注意侧身和用手护球，避免球员B的抢夺。

3.球员A降低重心，以前脚为轴，迅速向后转身。球要像粘在手上一样，不脱离手的控制。球击地时，转身基本完成。

4.换手运球，快速进攻，摆脱防守。

小提示

转身运球（带防守）在实际比赛中非常常见，需要球员勤加练习，既要找准机会突破防守，也要注意护球。整个动作应迅速连贯地完成，不给对方球员抢夺的机会。

篮球基础

球性与移动

运球

传球

投篮

配合与掩护

转身运球（绕桶）

重要程度

★ ★ ★

🏆 **训练目的**

转身运球能让球员在护球的同时改变运球方向，降低球被抢断的风险。而转身运球（绕桶）可以锻炼球员的灵活性，使球员更好地在赛场上使用该技术。

🏀 **动作讲解**

1. 在球场每隔固定距离放置一个锥桶，球员呈基本准备姿势，双腿微屈，双手持球于身体右侧。

2~3. 运球向锥桶移动。靠近第一个锥桶时，重心下移，转身换手运球，准备向第二个锥桶运球前进。

4. 运球靠近第二个锥桶时，重复步骤2~3的动作，直至绕过第三个锥桶，完成动作。

Ⓐ 球员　◀--- 运球　● 锥桶

背后交替运球

重要程度

★ ★

🏆 **训练目的**

背后交替运球是一种常用的运球技巧，常在防守球员阻挡我方球员向前推进的线路时使用，可帮助我方球员突破防守，顺利展开进攻。

🏀 **动作讲解**

1.球员双手持球，呈基本持球姿势。右手持球，将球移动到身体右后侧。

2.右手手腕发力，使球在身后击地，向左侧弹起。

3.左手接球，保证左侧手臂基本平直。

4.左手手腕发力，使球在身后击地，向右侧弹起。右手接球，尽可能保持重心不变。

小提示

练习此动作可以增强控球能力。在运球的过程中，双脚始终保持不动，不要低头看球，从背后运球和接球的动作要连贯。

体前变向和背后运球交替

🏆 **训练目的**

体前变向和背后运球交替是先将球从身后运至另一侧，接球后，再从身前运回的运球练习。合理使用这种运球方式，可有效躲避防守球员的阻拦。

🏀 **动作讲解**

1.球员双手持球，呈基本持球姿势，双腿微屈。

2.右手带球到身体右侧，手腕发力，使球在身后击地。

3.球向左侧弹起，左手准备接球。

小提示

练习体前变向和背后运球交替，可以在比赛中以灵活的控球技术，躲避防守球员的阻拦。

 动作讲解

4.左手接球后，将球向身前带，移动到身体左前方。

5~6.左手手腕用力，使球击地并弹向右侧。右手接球，重复练习。

小提示

整个练习过程中目视前方，不能看球，保持身体稳定。球员应勤加练习，以保证连贯迅速地完成动作。

◀ 此动作可以重复练习，连续做的次数越多，对球感的提升作用也就越明显。

持球突破

🏆 **训练目的**

持球突破是通过快速、灵活的运球来避开防守的一种打法。突破后，持球球员可以选择传球或顺势运球至篮下直接投篮得分。

🏀 **动作讲解**

1.球员A双手持球，呈三威胁姿势，球员B在其对面呈防守基本姿势。

2.球员A左右移动运球，观察现场情况，以确定进攻线路。

3.球员B贴身防守时，球员A用外侧手运球，非持球手在身前护球；找准时机，降低重心，加大步伐和提升速度，向前运球突破。

4.球员A加速向前跨步运球，侧身压肩摆脱球员B的防守。

小提示

持球球员应找准时机，突破时用力跨步，加速向前，运球力度要大，且要出其不意。注意动作的重心和幅度。

突破－投篮假动作

🏆 **训练目的**

突破－投篮假动作是利用投篮假动作迷惑对方球员，然后趁机突破防守、运球前进的一种打法。

🏀 **动作讲解**

1.球员A双手持球，呈三威胁姿势，球员B在其对面呈防守基本姿势。

2.球员A降低重心。

3.球员A做出投篮假动作，引诱球员B跳起防守。

小提示

在做投篮假动作时，一定要保证假动作具有足够的迷惑性，以骗过防守球员。

篮球基础

球性与移动

运球

传球

投篮

配合与掩护

动作讲解

4.球员A在球员B跳起的瞬间，迅速用左手运球，向左侧突破。

5~6.球员A张开右臂使球员B远离球，迈左脚，第一步要大，最好直接拉开与球员B的距离，从而更好地突破防守，进攻至篮下。

小提示

进攻球员应找准时机，利用投篮假动作使防守球员失位，突破时重心降低并且沉肩。

细节图

3.2 进阶练习

食指运球

重要程度

★

🏆 **训练目的**

拍球时要用到指腹，本练习通过一根手指拍球，使球员感受用指腹拍球的感觉。

动作讲解

1. 球员双手持球，呈三威胁姿势。

2. 使用右手食指在原地运球。拍球时，只用指腹接触球，不要大力拍球。需要换手练习。

侧面图

篮球基础

球性与移动

运球

传球

投篮

配合与掩护

指尖运球

重要程度

★

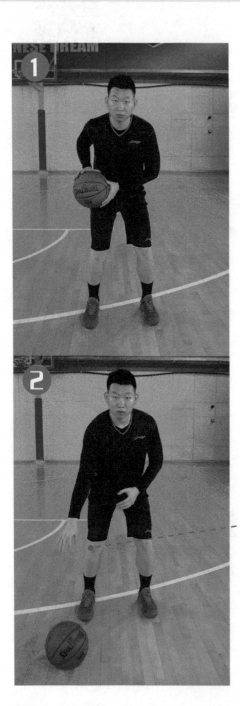

🏆 训练目的

指尖运球是指五指张开，像要抓住球一样，用五指的指尖拍球，进行运球。这种运球方式在实际比赛中应用较多。

🏀 动作讲解

1.球员双手持球做好准备，将球置于身体右侧。身体略微前倾，背部挺直。

2.用右手五指的指尖向下运球，掌心尽量不触碰球。

细节图

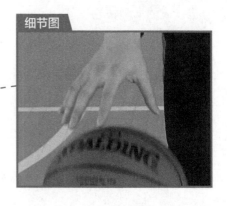

对墙运球

重要程度

★ ★

 训练目的

对墙运球与食指运球一样，都是用指腹拍球。对墙运球时手腕要保持放松，中间可以穿插着手腕练习。

动作讲解

1.球员面对墙壁站立，右手持球，屈肘，将球置于头侧。

2.面向墙壁有节奏地连续拍球，拍球时只用指腹触碰球。

小提示

手与墙的距离不宜过远，运球的速度应尽量快。当能够熟练完成该距离的运球时，可以试着离墙近一点，练习更快速的运球。

三点胯下运球

🏆 **训练目的**

三点胯下运球是指运球时分别在身体的右侧、胯下和左侧3个点拍球，使球员无论在哪个位置都能灵活运球。采用该种运球方式时，在俯视视角下球的运动轨迹呈8字形。

动作讲解

1.右手在身体右侧拍球一次。

2.球从身体前方经胯下传向左后方，左手准备接球。

3~4.左手接球后在身体左侧拍球一次，球从身体前方经胯下传向右后方，右手接球，重复1~4步骤。

小提示

注意，整个运球过程中动作要连贯。在还没熟练掌握动作之前，可以在体侧多拍几次球，调整一下，再将球从胯下传到另一只手上。

一点胯下运球

重要程度
★ ★

 训练目的

一点胯下运球与三点胯下运球类似，是先将球从右手经胯下运到左手，再将球从左手经胯下运回右手的运球技术。运球时，球的落点最好是双腿之间固定的一点。

动作讲解

1.右手持球，呈基本运球姿势。

2.胯下运球，将球从右手传向左手。

3.左手从左后方接球后，将球拉至左前方。

4.左手将球从身体前方经过胯下传向后方，右手接球。

小提示

在进行一点胯下运球时要尽量提高运球力度和速度，缩短手与球接触的时间，整个过程中动作要连贯。

圆圈捉人

🏆 **训练目的**

两名球员在中圈线上跑动，一边运球，一边观察对方，以便做出捉人或者逃跑的决定。在这个过程中，球员要持续进行变速运球，以提升控球能力。

动作讲解

1.两名球员各持一球，站在中圈同一条直径的两端，呈三威胁姿势，双手持球。

2.两名球员同时运球，沿中圈线跑动。

3.一人作为捉人方，另一人则运球逃跑。捉人方加快运球速度和步伐追逐逃跑方。

4.规定时间结束或者规定时间内提人方触碰到了逃跑方，则两名球员互换角色，回到起始位置，重复练习。

运球同时互断对方球

重要程度
★ ★ ★ ★

 训练目的

此练习需要两名球员在中圈内运球，并力求将对方的球推出线外，以提升球员的护球与运球能力。

动作讲解

1.两名球员各持一球，面对面站在中圈内，呈三威胁姿势，双手持球。

2.两人运球并相互靠近。运球过程中，两人要一边护球，一边寻找对方的弱点。

3.率先找到机会，将对方的球推出中圈的球员获胜。

4.回到起始位置，重复练习。

小提示

球员可以利用体前、胯下、背后运球来进行防守。在对抗过程中，一定要注意安全，尽量避免激烈的身体碰撞，防止在练习时受伤。

双手运球（左右同时）

🏆 **训练目的**

双手运球（左右同时）是为了让球员掌握同时用左右手运球的技巧，并养成不看球运球的习惯。在没有熟练掌握此技巧之前，可以先试着慢速运球。

🏀 **动作讲解**

1.双脚分开至与肩同宽，膝盖微屈，双手各持一球。

2~3.目视前方，重心下移，双手同时运球。运球过程中，保证两个球的击地和反弹都同步。运球数次后起身，重复练习。

小提示

刚开始练习时，可以适当地看球，也可以先慢速运球，以在练习中逐渐掌握技巧。在熟练后逐渐减少看球次数，最终养成不看球运球的习惯。

双手运球（左右交替）

🏆 **训练目的**

此练习是上一练习的变式，是指双手交替运球，可以增强球员的身体协调性。其间要注意两球弹起的高度应大致相同。

动作讲解

1.双脚分开至与肩同宽，膝盖微屈，双手掌心朝上，各持一球。

2~3.目视前方，左手先开始运球，右手紧随其后。左右交替用力运球。

小提示

球员在进行左右交替运球时，一只手抬起的同时另一只手下落，双手要以不同节奏交替运球。其比双手同时运球的难度要大，练习时需保持节奏平稳。

篮球基础

球性与移动

运球

传球

投篮

配合与掩护

单手左右运球

重要程度

★ ★ ★

🏆 训练目的

单手左右运球是仅用一只手左右运球，从而干扰防守球员的判断。此练习也可以增强球员的协调性，使球员身体各部位的配合更加协调。

🏀 动作讲解

1.球员A双手持球，呈三威胁姿势。球员B站在球员A对面，呈基本防守姿势。

2.球员A用右手向身体右前方运球，让球员B误以为自己要向右侧突破，吸引球员B到右侧。

3.球员A抓住球员B向右移动的间隙，左手迅速向右抓住球的右侧，将球向左侧拉。

4.球员A左手接球后继续运球，伺机加速运球突破防守。

双球转身运球（绕桶）

重要程度
★ ★ ★

🏆 **训练目的**

双球转身运球（绕桶）要求球员左右手同时运球，随后迅速转体。此练习难度系数较高，需要球员多加练习、熟悉动作。

🏀 **动作讲解**

1. 球员呈基本准备姿势，双手掌心朝上，各持一球，站在距离第一个锥桶一大步的地方。

2. 双手运球向右前方移动，靠近第一个锥桶。

3. 不要越过锥桶，转身向左侧运球。

正面图

篮球基础

球性与移动

运球

传球

投篮

配合与掩护

动作讲解

4~6.双手向左侧运球至第一个和第二个锥桶之间,重复转身运球动作。注意双手同时运球,保证双手运球速度和节奏一致。

小提示

尽量保持双手同时运球,这样有利于快速顺利地转身。待熟练动作后可以增加锥桶的数量,绕锥桶交替做向右和向左的转身运球练习。

A 球员 ←--- 运球 ● 锥桶

双球背后与体前运球（绕桶）

重要程度
★ ★ ★

🏆 **训练目的**

双球背后与体前运球（绕桶）是指使用两个球，一只手在身体前侧，另一只手在身后，使两球同时互换位置的练习，以提升球员的控球能力。

动作讲解

1.双手掌心朝上，各持一球，站在距离第一个锥桶一大步的地方。

2.双手运球向右前方移动，靠近第一个锥桶。

3.向左侧转体，同时左脚向前迈步，右手从身前将球传至左手，同时左手从身后将球传至右手。双手在运球之后迅速归位准备接球。

正面图

动作讲解

4.再次反转方向，右脚跟进一步，进行一次运球。

5.行至第二个锥桶前，身体方向反转，同时双手前后交叉运球，使两球位置互换。

6.双手接到球后，重心微微降低，身体略微前倾，双手同时向下运球，调整球的位置，继续向右前方运球，直至完成规定路线。

小提示

注意整个运球的过程中动作要连贯，在还没熟练掌握动作之前，可以在原地多拍几次球再将球传到另一只手上。

Ⓐ 球员　◀--- 运球　● 锥桶

双球背后与体前运球

重要程度
★ ★ ★

 训练目的

这是双手运双球的练习，要求球员用左右手同时将球在身前交叉互换，以增强双手运球的协调性。

动作讲解

1. 球员重心下移，双脚分开至宽于肩。双手掌心朝上，各持一球。

2~3. 双手手腕向下翻转，躯干前倾，完成双球身前交叉运球。

4. 球弹至对侧，双手接球。之后重复以上步骤。

小提示

练习时，尽量贴近身体运球，双手同时运球，两球的击地点要适当错开，防止两球相撞。训练初期可以在保证成功率的基础上稍微放慢速度，后续逐渐加速，同时降低运球高度，以提高训练的难度。

双球由内向外运球

重要程度
★★★

🏆 **训练目的**

此动作要求球员双手各持一球，先将球向身体前方向内侧移动，球落地之前将其向外侧运，以提升球员双手的控球能力。

🏀 **动作讲解**

1.球员重心下移，双脚分开至宽于肩。双手掌心朝上，各持一球。

2.双手手腕向下翻转，躯干前倾，将球向身体内侧移动。

3~4.球降低一半高度后快速将其向外侧拍，使球向外侧弹起。双手迅速移至外侧接住双球。运球时注意保持身体稳定，双手运球动作和发力应协调一致，避免球掉落。

细节图

双球前后侧拉运球

重要程度
★ ★ ★

🏆 **训练目的**

双球前后侧拉运球是双手由身前向身后运球,在身后接球后,再向前运球的练习。反复做此练习,可以使球员更加灵活地运球。

🏀 **动作讲解**

1.球员双手掌心朝上,各持一球。双脚分开至略宽于肩,身体微微下蹲。

2~4.双脚回收,身体前倾,双手同时向后运球。之后双臂屈肘后移,双手掌心朝前,在身体后方接球。然后双手同时向前运球,重复一定的次数。

斜面图

篮球基础

球性与移动

运球

传球

投篮

配合与掩护

119

摸锥桶低重心运球练习

重要程度
★★★★

🏆 **训练目的**

摸锥桶低重心运球练习要求球员保持低重心的姿势，使球从胯下经过，传到另一侧。运球时，非持球手前伸，迅速触摸锥桶，其间始终保持低重心的姿势。

🏀 **动作讲解**

1.球员双手持球于身体右侧，重心下移，呈右脚在前的弓步姿势。

2.右手将球经胯下击地传给左手，左手在右手下球的时候迅速触摸锥桶，右手从胯下让球击地并将球传向左手。

3.传完球的右手顺势触摸锥桶，同时左手接球。

4.左手从胯下让球击地并将球传向右手。右手接球，同时左手指尖触摸锥桶。

斜面图

变速练习

重要程度
★ ★ ★ ★

🏆 **训练目的**

如果想要在运球过程中避开防守球员的阻拦，那么进行此练习是非常必要的。慢速运球突然加速，或快速运球时忽然停止，都可以打乱防守球员的节奏，从而突破防守。

🏀 **动作讲解**

1.球员双手持球。锥桶间距宜较大，便于球员进行变速。

2.右手运球，在接近锥桶时，减慢速度，重心下移，用左手指尖触摸锥桶。

3.重心上移，右手运球加速前进。

4.至接近第二个锥桶时再放慢速度，重心下移，用左手指尖触摸锥桶。

小提示

变速练习是利用速度的变化避开防守球员的技巧，要求先快速运球前进，到达目标再减慢速度，其中速度的变化是此练习的关键。

变速运球（从控制性运球变为快速推进运球）

🏆 **训练目的**

在被对方球员严密防守时，可以选用控制性运球的方式，将球控制在自己手上。当无人防守后再快速推进运球，将球迅速运到指定位置。

🏀 **动作讲解**

1.球员呈三威胁姿势，双手持球，站在3分线内，目视前方。

2.控制运球速度，小步慢速运球前进。

3~4.运球至接近禁区线时，改成快速跑步运球，弯曲手腕，手指发力，将球推至身体前侧，再追球接住。以此类推，快速运球前进。

小提示

运球的过程中，当球的高度达到腰部位置时，要确保球在支撑脚离地之前离手。

变速运球（从快速推进运球变为控制性运球）

🏆 **训练目的**

利用运球速度和节奏的变化，可以对防守球员造成干扰，从而突破或者摆脱防守。这里讲解从快速推进运球变为控制性运球。

🏀 **动作讲解**

1. 球员呈三威胁姿势，双手持球。

2. 大跨步跑步运球，弯曲手腕，手指发力，将球推至身体前侧，再快速追球接住。

3~4. 运球至接近禁区线时，放慢脚步，身体前倾，控制速度，小步慢速运球前进。运球时注意观察场上形势。平时勤加练习，确保动作连贯流畅。

小提示

无人防守时可以先选用快速推进运球的方式，将球迅速运到指定位置。在碰到防守球员时，用控制性运球的方式，将球控制在自己手上。

边线往返练习

重要程度
★ ★ ★

🏆 **训练目的**

边线往返练习可以大幅度提高球员的运球速度，逐渐完善他们的运球转体技术，同时增强他们的体力与持久力。

🏀 **动作讲解**

1.球员从一侧边线出发，单手运球，跨步跑步前进。

2.快接近另一侧边线时换手运球。到达对侧边线后从有球侧转身，继续运球至出发点。其间可酌情换手运球。

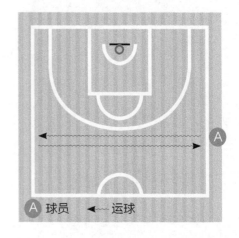

Ⓐ 球员   ◀---- 运球

锥桶侧直线运球练习（虚晃）

重要程度

★ ★ ★ ★

1

2
右手运球

3

4
落球点

🏆 **训练目的**

此练习要求球员单手持球，在锥桶一侧运球，并使球左右移动。此练习可以增强球员的单手控球能力。

 动作讲解

　　1.球员呈三威胁姿势，双手持球于身体右侧。

　　2.右手运球，在靠近第一个锥桶时重心下移。

　　3~4.始终用右手在身前完成左右运球。

小提示

运球时保持抬头，目视前方，这样就可以观察整个球场的局势。

 动作讲解

5.右手接球后,向第二个锥桶运球。

6~8.运球移动到第一个和第二个锥桶之间后,降低重心,右手在身前进行左右击地运球,左手自然放在体侧。每完成一个体前运球,便向前移动至下一个锥桶之间的空位中,直至终点。

小提示

锥桶侧直线运球练习(单手运球转换)主要训练拍球的球感,是运球的基础训练。拍球的时候,注意不要用掌心去碰球,而是用五指的指腹去碰球,充分利用身体转动和手臂完成拍击动作。运球的速度要从慢到快。

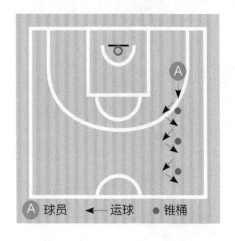

A 球员　←--- 运球　● 锥桶

从一次运球向单手运球转换
（绕桶）

 训练目的

此练习要求球员用右手向左向右运球，然后再向前运球一次做短暂停顿，接着继续绕锥桶向左向右运球，重复动作。

动作讲解

1.球员呈三威胁姿势，双手持球于身体右侧。

2~3.右手持球向左前方跨步达至第一个锥桶左侧，之后再持球向右侧运球。

右手持球，在体前运球

小提示

在用单手运球时，拍球的速度应由慢到快。拍球时，手腕发力，带动五指下挥，用指腹碰触球面，不要用手掌拍球。

动作讲解

4.右手运球至第一个锥桶和第二个锥桶之间，重心下移，向右前方跨步运球。

5.运球至第二个椎桶的右侧。

6.右手运球至第二个、第三个锥桶之间，重心下移，向左前方跨步运球至第三个锥桶的左侧，重复以上步骤直至终点。换左手返回起点。

Ⓐ 球员　◄╌╌ 运球　● 锥桶

双球单手运球（绕桶）

重要程度

★ ★ ★

①

②

③ 右手在体前运球，左手动作不变

🏆 **训练目的**

此练习的目的是让球员熟练掌握单手运球的技巧，在没有非持球手进行防护时，也可以熟练地运球。

🏀 **动作讲解**

1.球员双脚前后分开，重心下移，双手各持球置于身体右侧。

2~3.右手手腕下翻，向右前方跨两步运球。左手动作保持不变。

小提示

这项练习能够训练球员单手运球的能力和对防守迅速做出反应的能力，同时可以帮助球员养成运球时抬头目视前方的习惯。

动作讲解

4.运球至第一个锥桶右侧时，重心下移，转向左侧，向左侧跨步并用右手运球。

5~6.运球至第二个锥桶左侧时转身跨步，右手继续运球至第二个、第三个锥桶之间。

正面图

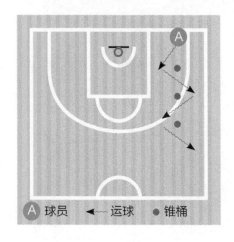

Ⓐ 球员　◄---- 运球　● 锥桶

双球单手运球 in-out（绕桶）

🏆 **训练目的**

此练习要求球员持两球进行绕锥桶练习。左手持球保持不动，用右手进行左右运球转换，以提升单手控球能力。

🏀 **动作讲解**

1. 球员双脚前后分开，膝盖微屈，右手掌心朝上托球，左手托球夹于体侧。

2. 左脚跨步的同时，右手运球向前移动，左手动作始终保持不变。

3. 运球至接近第一个锥桶时，右手在身体前面进行运球转换。

4. 完成一个运球转换后，右手继续运球前进，在靠近第二个锥桶时同样仅使用右手完成一次运球转换，如此重复练习。练习数次后可更换左手练习。

小提示

在单手进行运球转换时，另一只手要始终托球夹于体侧，这样不仅可以提升单手控球的能力，也可以让球员的身体配合更加协调。

篮球基础

球性与移动

运球

传球

投篮

配合与掩护

双球单手身后运球（绕桶）

🏆 **训练目的**

此练习要求球员双手各持一球进行绕锥桶练习，其间仅用右手进行身后运球训练，而左手持球保持不动。

🏀 **动作讲解**

1.球员双脚前后分开，膝盖微屈，双手掌心朝上，各持一球于身体两侧。

2~3. 左脚跨步的同时，右手运球向前移动至第一个锥桶的右侧时，将球向身后、左侧拉；左手持球于身体左侧，保持不变。

细节图

技术指导

4.左脚向前迈步，右手将球拉至身体左方后时向下拨球，使球从身后穿过。

5~7.迅速向左侧转体，重心前移，右手赶在球弹远前接球。接球后可运一次球进行调整，继续在第二个锥桶左侧完成右手单手背后运球，如此重复至终点。

小提示

在身后运球的过程中，右手将球拉到右侧身后，然后用腕力向左前侧推按球，注意运球的位置不要离身体太远。

正面图

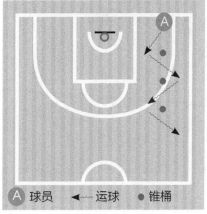

Ⓐ 球员　◀--- 运球　● 锥桶

双球单手转身运球（绕桶）

重要程度
★ ★ ★

🏆 **训练目的**

此练习要求球员双手各持一球进行绕锥桶练习。左手持球保持不动，使用右手运球，同时快速转身，以提升在比赛中快速突破防守的能力。

🏀 **动作讲解**

1.球员双脚前后分开，膝盖微屈，双手掌心朝上，持一球于身体左侧，右手运球向右前方移动。

2~3.运球至左脚离第一个锥桶一步的时候急停，以左脚为轴，降低重心，右手拉球，身体向后转至第一个锥桶左侧。

小提示

转身时要以左脚为轴向后转，旋转半径要小且速度要快，重心尽量降低。手在球的外侧拉住球，带着球同步移动。

动作讲解

4.球随着身体移动，转身后继续右手运球，向第一个、第二个锥桶之间移动。

5~6.到达第一个、第二个锥桶之间时使用同样的方法转身运球。

7.重复练习数次，更换左手进行练习。

正面图

Ⓐ 球员 ◀┈ 运球 ● 锥桶

篮球基础

球性与移动

运球

传球

投篮

配合与掩护

135

双球双手交替胯下运球（绕桶）

🏆 **训练目的**

此练习要求球员双手各持一球，之后左右手交替从胯下运球。运球时动作迅速，且球不要碰到腿。

🏀 **动作讲解**

1.双脚分开至宽于肩，双膝屈曲，双手掌心朝内，各持一球贴于身体两侧。

2.左脚向前迈步，呈左弓步姿势。左手在身体左侧运球，利用腕力向右下拨球，同时右脚迅速向右前方跨步，使球击地从胯下穿过。

3.同时迅速将右手的球移至左手，右手从身体右侧接住击地弹起的球。

小提示

该练习需要双手都能熟练运球，所以用右手练习之后还要更换左手进行练习。运球过程中注意非运球手始终持球且球不掉落。

动作讲解

4.两球左右交替后，左脚从第一个锥桶右侧向第一个、第二个锥桶之间迈步，右手利用腕力向下拨球，同时左脚迅速向前跨步，使球击地从胯下穿过。

5.同时左手迅速将球移至右手，左手接住弹起的球。

6.重复之前的动作，右脚向前迈步呈弓步，左手完成向另一侧击地运球。

7.右手将球传给左手，并接住同侧球，从第二个锥桶和第三个锥桶之间穿过。

正面图

小提示

球员应勤加练习，可以根据自身情况增减锥桶的数量，确保流畅迅速地完成该动作，为比赛做好充分准备。

山姆高德突破运球

🏆 **训练目的**

山姆高德突破运球是遇到两名或两名以上的防守球员阻拦时使用的左右手转换运球的方式，可以帮助球员有效避开防守球员。

🏀 **动作讲解**

1.球员呈三威胁姿势，双手持球于身体右侧。两个锥桶放于身前一步的位置，模仿防守球员。

2~3.向左侧运球移动，左脚向前迈出一大步，右臂弯曲，挡在防守球员和球之间，以保护球。

小提示

注意在身体左侧运球时，拍球的力度不要过大，右手接球时速度一定要快。迈出的步子要大，不能低头看球。

 动作讲解

4.球击地的瞬间,右手从左侧拉球,将球从左侧击地拉向右侧。

5.降低重心,右手迅速回到右侧接住从地面弹起的球。

6~7.右脚迅速向前迈步,右手运球突破。这一动作要迅速,模拟尽量用一步甩开防守球员,向内线突破。

 侧面图

小提示

练习时假意向左侧移动,使防守球员的重心向左偏移,再迅速拉球向右,突破防守。注意,在往回拉球时要降低重心,以更迅速地摆脱防守。

运球击掌练习

🏆 训练目的

此练习不仅能增强球员的身体协调性与控球能力，还能增强队友之间的默契度，让球员养成关注队友情况的习惯。

🏀 动作讲解

1. 两人一组进行练习，两球员相距2米左右，保证伸手可以击到掌，双腿保持弯曲，开始面对面右手运球。

2. 两球员在右手运球的同时，用左手互相击掌，过程中右手要始终保持运球状态。重复练习规定次数。

小提示

在练习过程中要保持身体稳定，不能看球，注意双方动作的协调配合。熟练掌握该动作后，不仅可以增加球感，也可以增加队友间的默契度。

第4章

传球

　　传球，就是将球传给队友，并且在此过程中保证球不被防守球员抢走。在团队进攻中，传球是一项必不可少的基本技能，其对于传球双方的技术水平都有一定要求。

4.1 基础练习

▶ 接球准备姿势

重要程度

★

🏆 **训练目的**

在无人防守或者处于有利位置时，需要提醒队友传球，高举双手示意准备接球。接球的原则有两个：一是需要迎球跑动；二是创造机会，尽量双手接球，以减少失误。

🏀 **动作讲解**

1.球员双脚分开至宽于肩，双膝屈曲，双手掌心朝前，重心下移，上身挺直。

2.双腿保持不动，双手五指分开，伸直双臂至与胸齐平。

3.双手呈持球姿势，放于身体右侧，右手在上，左手在侧。

小提示

接球时要面向球，双手置于胸前，手指放松，迎着球来的方向。有防守球员时，要迎着球的方向跑动。

胸前传球

重要程度
★

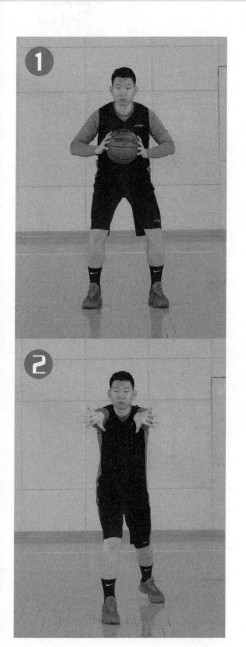

🏆 训练目的

胸前传球是一种有效、常用的传球方法。在与接球球员距离较近时便可以采用胸前传球，以增强传球的准确性和对球的控制能力。

🏀 动作讲解

1.球员双脚分开至与肩同宽，双膝屈曲，双手掌心相对，在胸前抱球，双臂屈肘，呈传球准备姿势。

2.传球时，左脚用力向后蹬地，右脚向前迈步；重心前倾，手臂伸直，手掌外翻，用力前推传球。

小提示

打篮球是一项需要上身、下身配合的运动，一些球员容易重视上身的动作而忽视下身的动作，所以在传球过程中要注意上身与下身的互相配合发力。

双人胸前传球

🏆 训练目的

双人胸前传球需要两名球员配合完成，即两人相互进行传球，以增加队友之间的传球默契度，提高传球质量。

🏀 动作讲解

　　球员A双脚分开至与肩同宽，双膝屈曲，双手掌心相对，在胸前抱球，呈传球准备姿势。球员B呈接球基本姿势。传球时，球员A左脚向后蹬地，右脚向前迈步；重心前移，手臂伸直，手掌外翻，用力前推传球给球员B，球员B接球。

小提示

胸前传球时不应只有上身发力，还需配合脚部用力蹬地和向前跨步，这样可以加大传球的力度，增加传球距离。

击地传球

重要程度

★

🏆 **训练目的**

在被严密防守时，可以使用击地传球的方法，使球从防守球员的手臂下方穿过，让队友获得接球机会。

🏀 **动作讲解**

1.球员双脚分开至与肩同宽，双膝屈曲，双手持球于腰部，手肘微微内收。

2.传球时，一侧脚发力向后蹬地，另一侧腿向前跨步，把球向前方的地面推出，球击打地面后弹起。

小提示

传球前要确定接球球员的位置，不要直视队友，可适当增加假动作，以迷惑防守球员，提高传球成功率。惯用手是右手的球员，用左脚向后蹬地并向前迈右脚，反之则用右脚蹬、迈左脚。

双人击地传球

重要程度
★ ★

🏆 **训练目的**

双人击地传球需要两名球员配合完成，通过多次练习，增强球员传球的准确性和隐蔽性，减少丢球、被断球等失误。

动作讲解

　　球员A双脚分开至与肩同宽，双膝屈曲，双手持球于腰部，手肘微微内收。球员B呈接球基本姿势。球员A一侧脚发力向后蹬地，另一侧腿向前跨步，把球向接近与球员B连线2/3的地面推出，球击打地面后弹起，球员B接球。

小提示

两人配合用一个球进行训练，注意传球时球的击地点最好在两人距离的2/3处，靠近接球球员的位置。

头顶传球

重要程度

★

🏆 **训练目的**

头顶传球是从头的斜上方传球，面对贴身防守或者防守球员个子较小时可以使用。如果接球球员在篮下有不错的位置，也可以使用头顶传球，将球传到篮下。

动作讲解

1.球员双脚分开至与肩同宽，双膝屈曲，双肘微屈，双手将球举至额头上方，身体略微前倾。

2.左脚蹬地，右脚向前跨出一步，同时双手向前推球，掌心朝外、拇指朝下，将球传出。

小提示

传球前可左右迈步进行试探，这样的假动作可以迷惑防守球员。头顶传球时要使用直线传球，不要使用高空抛球，否则球在空中的速度较慢，容易错失机会。

147

双人头顶传球

🏆 训练目的

双人头顶传球需要两名球员共同完成，以提高球员之间的默契度和配合度，减少丢球的失误。在传球前可以先通过暗号提醒队友。

🏀 动作讲解

球员A呈头顶传球准备姿势，球员B站在球员A对面，呈接球准备姿势。球员A身体略微前倾，左脚蹬地，右脚向前跨出一步，同时双手掌心朝外、拇指朝下，将球传给球员B，球员B接球。

小提示

两人配合用一个球进行训练，适当调整两人之间的距离。注意把握传球时发力的大小，如果发球力度不够，球会提前下落，导致队友接不到球。

单手传球

重要程度

★

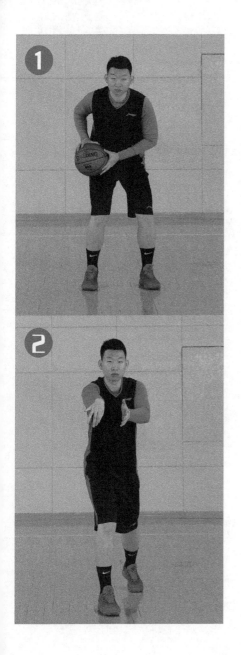

🏆 **训练目的**

单手传球是被严密防守时，球员配合脚下的跨步，用单手传球，另一侧手护球的技术。在应对近距离的贴身防守时，单手传球也十分有用。

动作讲解

1. 球员双脚分开至与肩同宽，双膝屈曲，呈三威胁姿势，优势侧手持球后侧，非传球手轻扶球。

2. 优势腿向前跨步，用远离防守球员一侧的手发力，将球沿直线向前推出。

小提示

单手传球主要是为了绕过防守球员，所以倾向于一侧持球。单手传球前，上下移动球做假动作，寻找防守的空当，向前跨步，从而将球从远离防守球员的一侧传出。

双人单手传球

重要程度
★ ★

训练目的

双人单手侧传球（分左右）需要两名球员配合完成。强弱手都要进行此练习，弱手尤其要加强练习，以便能够自由应对各种类型的防守球员。

动作讲解

　　球员A呈单手侧传球准备姿势，球员B站在球员A对面，呈接球准备姿势。球员A身体略微前倾，右脚向前跨出一步，同时右手向下拨球，将球大力推出，传给球员B，球员B接球。

小提示

双人练习时可以互换角色，这样既可以训练传球，也可以巩固接球。此动作虽然简单，但可以使队友彼此配合得更加默契，对于赛场上顺利传球、接球至关重要。

双人单臂勾手胸前传球

🏆 **训练目的**

两人配合进行训练，尤其是要加强弱侧手的传球练习，这样可以使得双方都得到练习，并且增加赛场上球员之间的默契度和传球精准度，有效避免对方球员抢球。

动作讲解

球员A双脚分开至与肩同宽，双膝屈曲，传球手持球后侧，非传球手轻扶球；右脚向前跨步，单手发力，将球传至球员B胸前，球员B接球。

小提示

传球时手指应朝向内侧，并用手指控制球的方向。两名球员可以互换角色进行练习，增加彼此传球的默契度。

双人单臂勾手击地传球

 训练目的

两人配合进行训练，尤其是要加强弱手的传球练习，这样可以使得双方都得到练习，并且增加赛场上球员之间的默契度和传球精准度，有效避免对方球员抢球。

动作讲解

球员A双脚分开至与肩同宽，双膝屈曲，呈三威胁姿势，传球手持球后侧，非传球手轻扶球；右脚向前跨步，单手发力，使球击地传给球员B，球员B接球。

小提示

球要离手时要利用手腕拨球。球击地的位置应在两人距离的2/3处。两名球员可以互换角色进行练习，增加彼此传球的默契度。

4.2 进阶练习

▶ 传球假动作（左右）

重要程度
★ ★ ★

🏆 **训练目的**

传球假动作可以迷惑防守球员，提高传球的成功率。这里介绍的是进行左右传球时的假动作。

🏀 **动作讲解**

1.球员双脚分开至与肩同宽，双膝屈曲，呈传球准备姿势。

2~3.双手持球，假意向身体一侧传球，同时身体向同侧倾斜跨步，吸引防守球员的注意。若防守球员向球移动的方向移动身体，便可快速向反方向转移重心，将身体转向真正的传球方向并把球传出。左右侧均进行练习。

小提示

灵活地掌握传球假动作，可配合转头或眼神的迷惑，使防守球员无法摸清真正的传球方向，无法抢断球，从而有效提高传球的成功率。练习时，从右到左、从左到右传球都要兼顾。此外，快速的反应及敏捷的身体是传球成功的基础。

传球假动作（上下）

🏆 **训练目的**

传球假动作可以迷惑防守球员，提高传球的成功率。这里介绍的是进行上下传球时的假动作。

🏀 **动作讲解**

1. 球员双脚分开至与肩同宽，双膝屈曲，双手持球于身体一侧，呈准备姿势。

2. 将球举过头顶，做出要从头顶传球的假动作，同时抬高重心并提踵，使动作更加逼真。

3. 将球下移，左脚向左前方迈一步，将球从左侧传出。

小提示

一名优秀的球员，需要掌握从各个方位做出传球假动作的技能。因此，在传球假动作的训练中，对从下到上、从上到下、从左到右、从右到左的传球动作都需要进行反复练习。

传球假动作（头顶左右）

重要程度

★ ★ ★

🏆 **训练目的**

传球假动作（头顶左右）是指球员在第一次头顶传球中途停止，等待合适的时机再次传球的方法。在比赛中，双手头顶传球适合有身高优势的球员使用。

动作讲解

1.球员双脚分开至与肩同宽，双手持球，左转身体，将球举过头顶，做出要从头顶向左传球的假动作。

2~3.迅速持球向另一侧摆动，同时身体也转向另一侧，将球传出。

小提示

传球时动作突然停止，会让防守球员无法判断传球球员会在何时传球，从而打乱防守球员的防守节奏。但是，在做出假动作之后，如果动作衔接过慢，就会给防守球员留出反应的时间。

背后传球

重要程度

★ ★

🏆 **训练目的**

在篮球比赛中，当遇到对方球员堵截时，持球球员可以在对方球员不注意的情况下，从背后传球给队友，以突破对方球员的防守。

🏀 **动作讲解**

1.球员双脚分开，与肩同宽；双手持球，将其置于身体右侧。

2.右手准备从背后传球，同时身体向右微微转动，右手沿髋关节水平向后移动，后摆至臀部的一刹那，向传球方向急促屈腕，手指用力拨球，将球传出。

小提示

用右手进行背后传球时，从腰的侧后方迅速屈腕，将球传出。注意控制传球力度，不要过大或过小，应根据队友距离的远近调整。

双人背后传球

重要程度
★ ★ ★

🏆 训练目的

双人背后传球需要两名球员配合完成，通过不断练习，增强球员传球与接球的球感，提高球员之间的默契度和背后传球的成功率。

🏀 动作讲解

球员A用右手传球时，跨步扭转腰部，身体侧对球员B。右手持球沿髋关节水平向后移动，后摆至臀部的一刹那，向传球方向快速屈腕，手指用力拨球，将球传给球员B，球员B接球。

小提示

背后传球是一名优秀球员必须掌握的一项技能。在比赛中，当防守球员位于传球球员身前，如2对1的快攻局面时，背后传球的方法非常有效。

篮球基础

球性与移动

运球

传球

投篮

配合与掩护

口袋传球（击地）

重要程度

★★

🏆 **训练目的**

口袋传球（击地）是球员在自己裤子口袋上方的位置双手持球，并让传球路线经过自己裤子口袋附近位置的传球方法。

🏀 **动作讲解**

1.球员双脚前后分开站立，双膝屈曲，双手持球于接球球员一侧，上身前倾，头部向后扭转并目视传球方向。

2.左手托球，右臂向后甩动，手指用力拨球，将球传出。

小提示

不要为了刻意使球经过裤子口袋的位置而影响了球的走向，否则可能使传球方向变成后上方。

双人口袋传球（击地）

重要程度

★ ★ ★

训练目的

双人口袋传球（击地）能使球员确保长距离传球的准确性，并且提高传球的隐蔽性，以成功突破防守。

 动作讲解

1.球员A双脚前后分开站立，屈膝，双手持球于身体一侧，位置在裤子口袋上方，上身前倾，头部向后扭转并目视传球方向。

2.球员A右臂向后甩动，手指用力拨球，将球传出。球员B呈接球准备姿势，准备接球。

小提示

球的最佳落点在传球球员与接球球员之间距离的2/3处，这样可以确保球能够及时、准确地反弹至接球球员手中。

头上勾手传球

重要程度

★ ★

训练目的

头上勾手传球是将球举至头顶后传球的方法。当防守球员的注意力集中在传球球员脚下时，传球球员可使用这种传球方法，顺利越过防守球员。

动作讲解

1. 球员双脚分开，与肩同宽；双手持球，将其置于左侧耳部。

2. 左臂向上移动，左手手腕和手指发力，将球向右侧抛出，右手位置保持不变。

小提示

左手抛球时，手腕向下用力，将球传向右侧。球员可以加强对手臂与手腕的练习，以能够更加熟练地完成此动作。另外，球不要过度移向脑后，否则会影响传球的速度。

双人头上勾手传球

🏆 **训练目的**

双人头上勾手传球可使球员在出手点较高的情况下，保证传球的准确性。

🏀 **动作讲解**

1.球员A双脚分开，与肩同宽；双手持球，将其置于身体一侧。

2.球员A左臂向上移动，左手手腕和手指发力，将球向右侧抛出，右手位置保持不变。球员B呈接球准备姿势，准备接球。

小提示

此动作的要点是传球时左手掌心朝下，用手指发力，控制住球，左上臂紧贴耳部，侧身传球。

篮球基础

球性与移动

运球

传球

投篮

配合与掩护

161

单手肩上长传球

🏆 **训练目的**

单手肩上长传球，通过腰部的转动带动肩部转动，达到较长的传球距离，是快攻中经常使用的一种传球方法。

🏀 **动作讲解**

1.球员侧身站立，双脚一前一后，膝盖微屈，重心保持在右脚，双手持球于右肩。

2.右手将球举起，随后右脚蹬地，身体向左转体，单手传球。

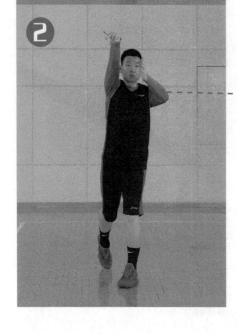

侧面图

小提示

将球传出时，球最后离开的是中指，中指要指向传球方向，拨球后掌心朝向地面。

双人单手肩上传球

重要程度

🏆 **训练目的**

双人单手肩上传球为两人一组用单手肩上传球的动作进行传球的练习，

球员通过练习能够在比赛中熟练、灵活地运用单手肩上传球。

🏀 **动作讲解**

1. 球员A侧身站立，双脚自然分开，屈膝，重心保持在右脚，双手持球于右肩。

2. 球员A右手将球举起，随后右脚蹬地，身体随之转向，单手传球。球员B呈接球基本姿势，准备接球。

小提示

此练习的要点是以腰部带动肩部转动的方式传球，右手传球时注意屈腕用力，重心随着动作向前移。

双球传球（上下）

🏆 **训练目的**

双球传球（上下）是指两名球员面对面站立，用击地传球和胸前传球的
方法相互进行传球。这一练习可以提高球员传球的速度、准确度，并增
强球员的团队配合能力。

动作讲解

　　1.两人一组进行训练，球员A与球员B
间隔4～6米，相对站立。两人双手持球，
将球置于胸前。

　　2.两人同时传球，球员A进行击地传球，
球员B进行胸前传球，以此方式完成一定次
数的传球后，可互换传球的方式。

小提示

两人要在传球球员和接球球员这两
个身份之间迅速切换。这一练习有
助于提升球员的反应速度和传球的
准确性。

双球传球（左右）

重要程度

★ ★

🏆 训练目的

双球传球（左右）以提高传球技术为目的，需要两名球员运用单臂勾手击地传球的方法同时互相传球。

🏀 动作讲解

1.两人一组进行训练，球员A与球员B间隔4~6米，相对站立，两人双手持球。

2.两人同时进行单臂勾手击地传球，为了不使球发生碰撞，需要两名球员同时使用左手或右手传球。完成一定次数的传球后，应换另一侧手传球。

小提示

在用右手传球时，传球球员可以把传球位置锁定在接球球员腰部的左侧。练习中，还应注意动作的连续性。

运球后转身勾手传球练习

🏆 训练目的

训练此动作有助于提高球员勾手传球的水平。两名球员可以互换角色

进行练习，以增加球感和传球准确度，提升队友间的默契度。

🏀 动作讲解

1.两人一组，在限制区准备，球员A站在球员B前面，双手持球。

2.球员A向限制区方向运球2~3次，以到达罚球区为宜，再侧身向球员B方向进行勾手传球，球员B在原地接球。

小提示

勾手传球通常是在球员抢篮板球成功后，准备转入进攻时使用，也可在前场回传球时使用。球员可在较高的位置出手，使球越过防守球员。

机关枪传球

重要程度

★ ★ ★ ★

🏆 **训练目的**

这项练习需要3名球员使用2个篮球进行。每位球员接球后立刻将球传出去，随后又立即接球，重复训练。通过此练习，球员可以更熟练地掌握传球和接球技巧。

🏀 **动作讲解**

1.球员A站在跳球圈内呈基本接球姿势，球员B和球员C分别站在罚球线两端，各持一球，呈基本传球姿势。

2~3.球员B通过胸前传球将球传给球员A，球员A再用胸前传球的方式将球回传给球员B。

4.球员C通过胸前传球将球传给球员A，球员A再用胸前传球的方式将球回传给球员C。

小提示

机关枪传球与两人一组的面对面传球最大的不同是，处在中间的球员反应速度必须够快，而且要在传球结束后立即将身体转向另一方向准备接球。

167

二传一抢练习

重要程度
★ ★ ★

重要程度

★ ★ ★

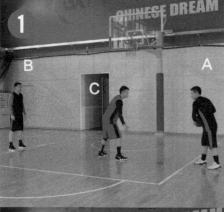

🏆 **训练目的**

二传一抢练习是在有防守球员阻拦的情况下进行的练习，更接近实际比赛的场景，并且能训练球员灵活运用假动作来避开防守球员的能力。

🏀 **动作讲解**

1.3人一组进行训练，球员A与球员B间隔3～5米，球员A持球，防守球员C站在球员A和球员B中间。

2.球员A将球传给球员B，防守球员C以抢球为目的对其进行阻拦。

3.球员B接到球后，将球回传给球员A。同时，防守球员C迅速跑向球员B，阻拦其传球。

小提示

在有防守球员的情况下进行传球，是为了更好地模拟比赛时的场景，给球员施加压力，从而让球员在压力下磨炼技术，使其传球能力得到提升。

触摸锥桶传球练习

重要程度

★ ★

🏆 **训练目的**

触摸锥桶传球练习，是接球球员在一只手触摸锥桶顶部的情况下进行的传球练习。此练习可以帮助球员提升注意力，从而更准确地接到球。

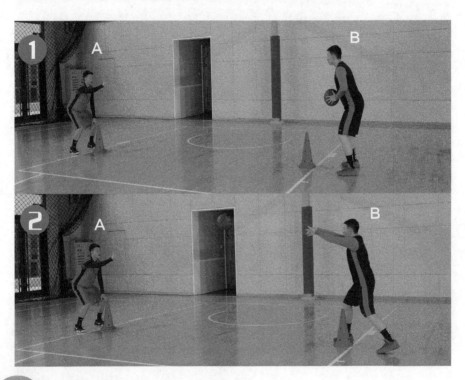

🏀 **动作讲解**

1. 两名球员面对面站在限制区两侧，身前各放置一个锥桶。球员B双手持球于胸前，球员A降低重心，左手触摸锥桶顶部，右手抬起，掌心朝球。

2. 球员B进行胸前传球，球员A接到球后，球员B触摸锥桶顶部准备接球，重复练习。

小提示

在传球过程中，接球球员在接到球之前，要一直盯着球，以把握接球时机。

篮球基础

球性与移动

运球

传球

投篮

配合与掩护

169

第5章
投篮

　　投篮得分是判定篮球比赛胜负的决定性依据，因此投篮技术就显得非常重要。投篮的基础练习可以锻炼投篮的基础动作，为进一步提升篮球技术打下良好的基础。

5.1 基础练习

对墙投球

重要程度

★ ★

🏆 **训练目的**

对墙投球，可以锻炼球员将球向正前方目标投去的能力。

🏀 **动作讲解**

1.球员呈基本持球姿势，站在距离墙壁约3米的位置。

2.重心上移，手臂上举，屈肘，使球在头的斜上方。

3.手臂伸直时，下肢与躯干也应完全伸展。随后，手腕下压，将球向墙壁投出。球触及墙壁后返回，击地弹起；球员接球，恢复起始姿势，重复练习。

小提示

投球时，球后部整体包裹在持球手的手掌内，非持球手在侧面支撑球。然后向前推球，手肘完全伸展开，使用腕力旋转球，投出球后，球最后接触的部位是手指。

擦板投篮

🏆 训练目的

击中篮板的投篮被称为擦板投篮，常被内线球员使用，使球撞击篮板后进入篮筐。练习时，最好在与篮板呈45度夹角的位置投篮，以提高命中率。

动作讲解

1. 球员呈基本持球姿势，站立在与篮板呈约45度夹角的位置。

2. 双手将球上移，左手辅助，右手的手腕保持在投篮线上。

3. 双脚蹬地，重心上移，右臂伸直，压腕使球旋转，用力投出球。

小提示

对投球的方法进行微调，控制球击中篮板后的弹跳轨迹，从篮板的左右两侧擦板投篮，可使球轻柔地击中篮板，从而提高球反弹后进入篮筐的概率。

跳投

重要程度

★

🏆 **训练目的**

跳投是比赛中常用的投篮方法，也是许多投篮技术的基础。熟练掌握此方法可帮助球员提高投篮命中率，有效躲避对方球员的拦截、抢夺。

动作讲解

1.球员呈基本投篮准备姿势。

2.起身，同时右手掌心朝上，托住球的底部，左手支撑球，将球置于头顶位置。

3.双脚离地跳起，同时伸直右臂，右手手腕下压，手指发力将球投出。左手五指自然伸直，掌心朝内。

小提示

注意投球时身体不要晃动，要始终在头脑中形成投篮抛物线，将球笔直地投向篮筐。还应勤加练习，确保投篮命中率。

3分球投篮

🏆 训练目的

3分球投篮是指篮球比赛中，球员站在3分线外投篮。熟练掌握此动作，有助于球员在赛场上面在对方严密防守时有更多投篮得分的机会。

🏀 动作讲解

1. 两人一组进行训练，球员A站在3分线外，双手持球准备投篮，球员B在其对面呈基本防守姿势。

2. 球员A双手持球举过头顶，双脚发力，跳起投篮。球员B随即跳起阻拦。

小提示

注意起跳时双脚要在3分线以外，不可踩线，落地后可以在3分线以内。

近距离投篮（跑投）

🏆 **训练目的**

近距离投篮（跑投）通常在球员跑至篮筐下准备投篮，遇到比自己高大许多的防守球员阻拦时使用，使球员有效越过防守进行投篮。

🏀 **动作讲解**

1. 球员站在禁区线外，双脚前后分开站立，膝盖弯曲，双手持球于身体左侧。

2~3. 向前跨步，运球前进，到达接近篮下的位置。

4. 单脚发力，向上跳起，双手将球举过头顶，进行投篮。

小提示

近距离投篮（跑投）时，使用腕力和手指的力量旋转球，最后用手指推出球。跳起投篮过程中要注意保持身体平衡，将球准确投入篮筐。

双脚起跳投篮

🏆 **训练目的**

双脚起跳投篮时，手腕的用力方式和三步上篮相同。只是三步上篮是单脚蹬地起跳，而双脚蹬地起跳可以增强对身体力量的控制，从而使球员能够越过对方防守，顺利投篮。

🏀 **动作讲解**

1~2. 球员在限制区内原地运球，然后向篮筐方向运球前进。

3. 进行急停，双脚脚尖指向篮筐落地，双手持球，重心下移。

4. 双脚同时蹬地，向上跳起，进行投篮，而后双脚同时落地。

小提示

球员自行练习时运球前进的动作可较慢，但在赛场上时往往需要快速跑步运球；进行急停动作时，需要注意保持身体稳定，避免失误或受伤。

三步上篮（高手上篮）

重要程度

★ ★ ★

 训练目的

三步上篮是非常基础的行进间投篮技术，熟练掌握此技术不仅有助于球员在赛场上投篮得分，还能为掌握其他的复杂投篮技术奠定坚实的基础。

 动作讲解

1. 三步上篮以运球后，双手合球后的第一步开始。球员运球至禁区线附近，双手持球，随后左脚落地，此为第一步。

2. 右脚继续向前，此为第二步。

3. 右脚起跳离地，此为第三步。起跳同时一手持球，将球举过头顶，顺势投出球。

小提示

投篮时如果想要将球准确地投进篮筐，就需要准确掌握自身与篮筐的距离，从而控制投球的力度和方向。

三步上篮（低手上篮）

★ ★ ★

🏆 **训练目的**

三步上篮（低手上篮）与三步上篮（高手上篮）的差异在于托球的手势不同。球员可以根据赛场情势灵活选择投篮方式，保证自己能够得分。

🏀 **动作讲解**

1~2. 球员运球至禁区线附近，双手持球，向篮筐方向迈进两步。

3. 右腿起跳离地迈出第三步，同时手托在球的底部，将球举过头顶，顺势将球挑入篮筐。

细节图

彩虹（内线-勾手投篮练习）

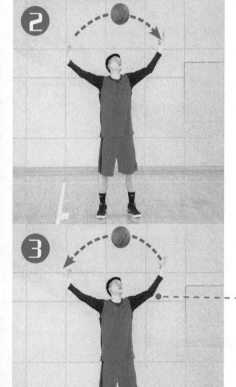

🏆 **训练目的**

此练习可以帮助球员掌握正确的勾手投篮的手臂动作，有助于球员流畅地旋转球，以及准确地掷出球。

🏀 **动作讲解**

1.球员双脚分开至与肩同宽，双手掌心朝上，双臂向两侧平举，右手持球。

2.右臂伸直，手腕轻轻用力，向上抛掷球。球从头顶上方经过，形成一条像彩虹的弧形轨迹，左手准备接球。

3.左手接球后，双手掌心朝上，双臂保持向两侧平举。左手手腕轻轻用力，向上抛掷球，使球向右形成一弧形轨迹，之后用右手接住球。抛接过程中双眼注视球。

细节图

179

起跳勾手投篮

重要程度

★ ★ ★

🏆 **训练目的**

起跳勾手投篮是赛场上常用的投篮技术，可利用较高的出手点突破对方球员的近距离防守。球员也可从空中接球后投篮，以增加进攻机会。

🏀 **动作讲解**

1. 球员侧对篮筐站立，双脚自然分开，呈基本持球姿势，双手持球于体前。

2~3.双脚发力跳起，同时右手持球举过头顶，手腕向下发力勾手并顺势将球投出，注意要在脚落地前完成勾手。

小提示

起跳勾手投篮与移动勾手投篮相同，都是身体侧对篮筐进行练习，但和移动上篮不同，要求两脚蹬地向正上方跳起投篮。

移动单脚起跳勾手投篮

重要程度

★ ★ ★

🏆 **训练目的**

移动单脚起跳勾手投篮是单手进行投篮的一种方式，在比赛中使用频率较高。球员熟练掌握此动作可增强球感，有助于提高投篮命中率。

动作讲解

1.球员双脚前后分开，站在禁区线外，呈基本持球姿势。

2.身体前倾，重心下移，跨步运球，三步来到篮下。

3.左腿蹬地，向上跳起，右手持球举过头顶，手腕向下发力，顺势投篮。

小提示

移动单脚起跳勾手投篮时，球员要跳得尽量高，上身自然旋转；注意落地后身体不要前倾，在投篮过程中保持良好的身体姿态。

抛投

🏆 **训练目的**

抛投是一种高弧线投篮，球员将球抛出的高度要高于防守球员手臂能触及的高度。对于个子小的球员来说，抛投可以帮助他们突破高个子球员的防守，是有效的得分手段。

🏀 **动作讲解**

1. 球员呈基本持球姿势，右脚在前站在禁区线外，双手持球于身体一侧。此时右脚为第一步。

2. 左脚前迈，此为第二步。

3. 左脚蹬地，发力跳起，右手将球向上举起，使球随身体惯性形成弧形轨迹，完成投篮动作。

小提示

球员练习时要尽量确保抛投的抛物线较高，因为在实际比赛中往往用抛投来应对比自己高大的防守球员。

反手上篮

🏆 **训练目的**

反手上篮是在篮下投篮，身体一侧有防守球员阻拦时，持球球员在投篮瞬间迅速将球换至另一侧手进行投篮，让防守球员来不及重新进行防守。

🏀 **动作讲解**

1. 球员呈基本持球姿势，左脚在前站在限制区内，双手持球于身体一侧。

2. 跨步带球至篮下，单脚蹬地，发力跳起，右手持球，在投球前将球换至左手。

3. 左手向上举起，借助身体起跳的惯性将球抛出，在篮筐左侧完成上反篮。

小提示

初始时球员双手掌心相对持球，跨步向前时球随着身体移动。起跳时，变成在篮筐另一侧，跳到最高点的同时将球投出。

篮球基础

球性与移动

运球

传球

投篮

配合与掩护

183

面对面投球

🏆 训练目的

面对面投球可以帮助球员记住上臂、前臂和手腕用力时的动作和感觉，使球员可以在比赛中将球准确投向篮筐。

🏀 动作讲解

1.球员A呈基本持球姿势，双手持球于体前。球员B呈接球姿势，与球员A间隔4米左右。

2.球员A右手伸直，在球将离手时手腕屈曲，手指发力，向球员B投球。

3.球员B接球，双手持球，将球置于胸前。之后两人互换角色，重复练习。

小提示

开始时不必将球投得太高，使球的运动轨迹呈抛物线即可，以更接近真实比赛时的投篮。

刺探步投篮

重要程度

★ ★

🏆 **训练目的**

刺探步投篮可以在被防守球员阻拦时使用，先向身体右前方迈步，制造出准备从右侧突破的假象，然后迅速回到左侧投篮，起到迷惑对手的作用。

动作讲解

1. 球员A双手持球于身体右侧，球员B站在球员A对面，呈基本防守姿势。

2. 球员A右脚向右前方迈步，做出准备从右侧突破的假动作。球员B右脚向前迈步，准备防守。

3. 球员A迅速收回右脚，双脚蹬地起跳，右手发力进行投篮。球员B随即起跳，进行拦截。

小提示

投篮时单手发力，手指用力将球投出。跳起过程中注意保持身体稳定，瞄准篮筐再投篮，以确保命中率。

两人跳跃投篮

重要程度

★ ★ ★

🏆 **训练目的**

两人跳跃投篮可以锻炼球员在跳跃投球时的平衡能力，让球员即使在空中也能保持良好的姿势。检验球员是否具有良好的空中姿势，要看其落地时身体是否能保持平衡。

动作讲解

1.球员A站在篮筐下方，呈接球基本姿势；球员B站在禁区线上，呈传球基本姿势。

2.球员B跳起传球给球员A。

3~4.球员A接球，之后跳起传球给球员B。如此重复练习。

小提示

接球后应迅速调整并快速跳起投篮。

强手一侧接球后投篮

🏆 **训练目的**

强手一侧接球后投篮是指球员用惯用手接球后，换双手持球，然后起跳投篮。此技术经常在快攻中使用，利用较快的进攻节奏使对方球员来不及进行防守。

动作讲解

1. 球员A双脚前后分开，站立于禁区线上，呈基本接球姿势，右手抬起，掌心朝外，准备接球。球员B呈基本传球姿势，面对球员A站立。

2. 球员B使用胸前传球从球员A右侧将球传给球员A。

3. 球员A用惯用手接球后换双手持球，然后转向篮筐，跳起投篮。

小提示

球员接球前应适当屈膝，降低重心，接球后双腿伸直，起跳的同时进行投篮，这样能确保有节奏地快速出手投篮命中。

篮球基础

球性与移动

运球

传球

投篮

配合与掩护

187

弱手一侧接球后投篮

🏆 **训练目的**

弱手一侧接球后投篮与上一个练习不同的是球员用非惯用手接球后，换双手持球，起跳投篮。由于使用的不是惯用手，所以球员需要多加练习。

🏀 **动作讲解**

1. 球员A双脚前后分开，站立于禁区线上，呈基本接球姿势，左手抬起，掌心朝外，准备接球。球员B呈基本传球姿势，面对球员A站立。

2. 球员B使用胸前传球从球员A左侧将球传给球员A。

3. 球员A用非惯用手接球后换双手持球，然后转向篮筐，跳起投篮。

小提示

从弱手一侧接球时，投篮手离身体较远。接球后，调整投篮手的位置，将其置于球之后，以便顺势进行投篮。

前方传球接球后投篮

重要程度

★ ★ ★

🏆 **训练目的**

前方传球接球后投篮是持球球员遇到防守球员阻拦时，将球传给另一名球员，由接球球员接球后进行投篮的战术，是突破防守的常用方法。

🏀 **动作讲解**

1.球员A做接球准备，站在罚球线外，右手抬起准备接球。球员B面对球员A，双手持球于体前，站立于篮筐下。

2.球员B使用胸前传球将球传给球员A。

3~4.球员A接球后，双手掌心相对持球，将球高举过头顶，同时双脚发力，跳起投篮。

小提示

在投篮位置接球时屈膝，并保持持球高度，接球后快速伸展膝盖，整个动作要富有节奏。接球投篮的动作要连贯进行，一气呵成。

传球与接球投篮练习

🏆 **训练目的**

传球与接球投篮练习不仅能使球员之间的配合更加默契，还能增强球员投篮的准确性，提升球员对出手时机的把握能力。

🏀 **动作讲解**

1. 球员A持球站在弧顶，呈基本持球姿势，锥桶放置于限制区。球员B站在限制区一侧，呈接球姿势。

2. 球员A使用击地传球将球传给球员B。

3. 球员A迅速跑到罚球线附近。球员B接球后，使用胸前传球将球传给球员A。

4. 球员A在罚球线附近双手接球，然后屈膝半蹲，双脚发力，向正上方跳跃，双手将球举过头顶，投篮手屈腕使球后旋，手指用力将球投出。

小提示

跑动中接球也应尽量降低重心，接球后顺势跳起投篮。

一步或两步运球后跳投练习

🏆 **训练目的**

此练习是运球移动一步或两步后，再进行跳投的动作。在比赛中，运球过程中可以全面观察对方的防守情况并做出下一步判断。此外，该练习还能提升球员投篮时身体的协调能力。

 动作讲解

1. 球员A呈基本持球姿势，双手持球于体前，面对篮筐站在3分线中点处。球员B在篮筐下侧身站立。

2. 球员A向一侧禁区线端点运球前进，至禁区线端点时跳起投篮。球员B在篮筐下等待抢球。

3. 球员A投篮后返回至3分线中点处，球员B在篮筐下抢球后，将球传给球员A。球员A接球后从3分线中点直接向前运一步后投篮，再回到3分线中点处一接球向另一侧进行运球后投篮练习。

小提示

投篮时，手臂伸直，手腕用力，使球下旋，并将球从指间投掷出去。一定要勤加练习，确保动作熟练连贯，同时提高投篮命中率。

5.2 进阶练习

▶ 前转身投篮

🏆 **训练目的**

前转身投篮是进攻球员在位于篮筐和防守球员之间时，向外侧进行前转身，用外侧手上篮，内侧脚起跳，用身体将球和防守球员隔开，防止球被防守球员从身后封盖。

🏀 **动作讲解**

1. 两人一组进行训练，球员A双手持球准备投篮，球员B在其对面呈基本防守姿势，右手举起防守。

2~3. 球员A双手持球，以外侧脚为轴向左后方转体，摆脱球员B的防守，然后向前跨步跳起投篮。

小提示

转身时应保证身体平衡，注意护球和脚步动作，防止防守球员抢夺、拦截。

重要程度

后转身投篮

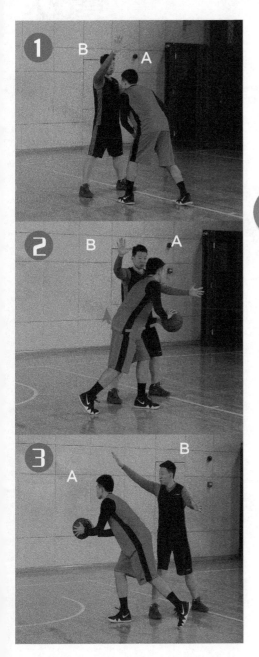

🏆 **训练目的**

当防守球员位于进攻球员和篮筐之间时，进攻球员可以向内侧进行后转身，再接投篮，以身体护球，来突破防守。

动作讲解

1. 两人一组进行训练，球员A双手持球准备投篮，球员B在其对面呈基本防守姿势，右手举起防守。

2~3. 球员A双手持球，以内侧脚为轴向右后方转体，摆脱球员B的防守，然后跨步跳起投篮。

小提示

以靠近篮筐一侧的脚为轴，向后转身，突破防守，然后寻找机会投篮。转身过程中保持身体平衡。

篮球基础

球性与移动

运球

传球

投篮

配合与掩护

勾手投篮（内线）

重要程度

★ ★ ★

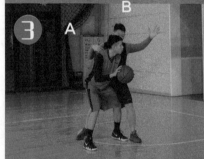

🏆 **训练目的**

勾手投篮（内线）是在身体侧对篮筐时，单手持球上篮的技术，是比赛中常用的内线投篮技术。注意，球员在投篮时一定要保持身体平衡。

🏀 **动作讲解**

1.球员A右手在身体右侧运球，球员B进行防守。

2.球员A起身迈步，身体向左转，左手护球，避免球员B抢球。

3~4.球员A伺机突破球员B的防守，然后将球举起，在跳跃到最高点时，瞄准篮筐将球投出。

小提示

为了更好与防守球员对抗，进攻球员可将内侧腿插进防守球员的双腿中间，降低重心，双脚蹬地对抗。

跳步上篮

🏆 训练目的

跳步上篮是进攻球员在运球之后，顺势起跳，持球落地后再进行上篮的技术。此技术对在篮下突破防守，保护球不被断掉非常有效。

🏀 动作讲解

1.球员A侧对球员B站立，球员B呈防守姿势。球员A左手可以轻微触碰球员B，与球员B拉开距离，方便准备接球。

2~3.球员A接球后，右脚向前迈步，同时向左转体面对球员 B，右手运球，假意向右侧突破。

小提示

在面对防守球员阻拦时，使身体的侧面正对着篮筐，利用自身的肩宽，可以在距离防守球员较远的地方持球并投篮。

篮球基础

球性与移动

运球

传球

投篮

配合与掩护

动作讲解

4. 球员A双脚同时起跳，在空中转变方向，尽可能转动到球员B的右侧，双手持球，随着起跳将球举高。

5. 球员A落地后，双手收至胸前护球。

6. 球员A屈膝，双脚迅速垂直起跳，右手将球向上举起，借助惯性用手指拨出球。球员B要尽可能跳起拦截。

小提示

与勾手投篮（内线）相比，跳步上篮身体发生旋转，但落地时仍是侧面对着篮筐。

篮下对抗后投篮

🏆 **训练目的**

进攻球员进行突破时，若防守球员紧紧跟随进攻球员，阻拦其接球和投篮，则进攻球员在接球后可利用对抗获得出手空间后再投篮。

🏀 **动作讲解**

1.球员A侧对球员B站立，球员B呈防守姿势。

2.球员A向前迈步，同时左手掌心朝前，前伸准备接球。

3~4.球员A接球后，先运球移动，球员B在球员A身后进行防守拦截。

小提示

防守球员不只要阻拦进攻球员进攻投篮，还要不断给进攻球员施加运球压力。

篮球基础

球性与移动

运球

传球

投篮

配合与掩护

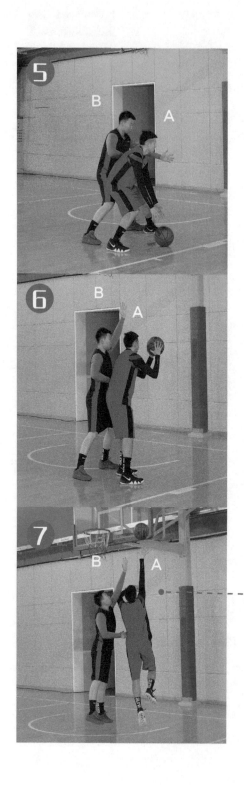

动作讲解

5~6.球员A将重心压低，之后迅速弹起，强硬向左边运球转身，找球员B的位置，给予对方身体对抗。

7.球员A右手向上举起球，双脚发力向上起跳，同时用左侧肩膀和手臂抵住球员B；在到达最高点时，瞄准篮筐，用手指将球拨出。

小提示

篮下对抗后投篮在赛场上十分常用，属于近距离防守进攻的技术。训练中，一定要以较高标准要求球员的技术和动作熟练程度，保证他们能在比赛中发挥该技术的最大作用。

细节图

180度转体投篮

重要程度

★ ★

🏆 **训练目的**

180度转体投篮是指在罚球线上起跳但不投篮，转体180度落地后，再进行跳投。起跳时要注意保持身体平衡。

 动作讲解

1. 球员呈基本持球姿势，双手持球于体前，背对篮筐站立在罚球线上。

2. 双脚起跳，双手保持持球姿势不变，向左后方转体180度。

3. 落地时面向篮筐，双腿屈膝，重心下移，准备投篮。

4. 双手将球举过头顶，同时双脚向上跳起，瞄准篮筐将球投出。

小提示

如果转体时把握不好身体平衡，可以先尝试小一点的转体角度，如先转90度，熟练掌握动作后再练习180度转体，不断地揣摩转体的感觉，提升自己身体的平衡能力。

马戏团投篮

重要程度

★ ★ ★

🏆 **训练目的**

在比赛中，马戏团投篮能够很好地迷惑防守球员，使其做出错误的判断，从而给进攻球员创造投篮的机会。

🏀 **动作讲解**

1. 球员双脚自然分开，双手持球，在篮筐下站立。

2. 将球下旋掷出，同时向前迈步到另一侧准备接球。

3. 接球后迅速转身，屈膝，重心下移，呈投篮姿势。

4. 双脚蹬地发力跳起后直接将球向前投出。

小提示

在接到球后向篮筐方向转身时，注意重心位置，保持身体平衡。

动作讲解

5.将球投出后迅速跑至球落下的地方，准备接球。

6.接球后向左后方转身，双手持球于体前，之后将手中的球下旋掷向空中，同时向前迈步，迅速面向球的运动方向奔跑。

7.接球后转身，面向篮筐，双腿屈膝，重心下移，准备投篮。

8.双手将球举过头顶，同时双脚蹬地发力跳起，瞄准篮筐将球投出。

小提示

在完成整个连贯动作的过程中，球员需要始终保持身体的高度平衡。球员如果无法保持身体平衡，或者控制不好身体，就很难做出正确的进攻姿势。

Ⓐ 球员　←— 移动　←-- 运球

篮球基础

球性与移动

运球

传球

投篮

配合与掩护

60秒投篮

重要程度

★ ★ ★

🏆 **训练目的**

60秒投篮可以提高球员运球后跳投的速度和命中率，有效地锻炼球员左右手运球的能力。

🏀 **动作讲解**

　　1.球员双脚前后分开，呈基本持球姿势，在底线位置站立。听到口令后沿禁区线运球前进。

　　2.移至肘区位置，运球的同时向左转体。

　　3.继续沿着罚球区的弧线运球前进，向另一侧肘区移动。到达另一侧肘区后，双手持球，面向篮筐站立。

　　4.双手将球举过头顶，同时双脚发力，跳起投篮。投篮后，迅速跑至篮筐下抢篮板球。

小提示

球员在练习中保证动作正确的同时，可以不断加快运球速度，防止对方球员抢夺。

动作讲解

5.拿球后，向另一侧底线移动至底角处，双手持球于体前，在底线位置站立。

6.左手运球，沿禁区线向肘区位置运球前进。继续沿着罚球区的弧线运球前进，向另一侧肘区移动。

7.到达另一侧肘区后，双手持球，面向篮筐站立。双手将球举过头顶，同时双脚发力，跳起投篮。

小提示

本练习的目标为60秒投中13球。为了达到这一目标，运球速度要快，投篮命中率要高。但是，球员如果过于追求速度，就容易慌乱，导致在运球和投篮时出现大量失误，因此在熟练动作之前要慢慢来，追求动作的质量而不是速度。

刺探步接交叉步突破急停跳投

重要程度

★ ★ ★

🏆 **训练目的**

刺探步接交叉步突破急停跳投是指在面对防守球员阻拦时，通过变换脚步来突破防守，然后进行投篮的技术动作。

🏀 **动作讲解**

1.球员A双脚自然分开，双手持球于身体左侧，球员B呈防守姿势。

2.球员A向右侧迈步，做出右侧突破的假动作，球员B准备防守。

3.球员A迅速收回右脚，同时向左前方迈步，突破防守，用左手运球。

4.球员A突破防守后伺机双脚蹬地起跳，瞄准篮筐投篮，球员B随即跳起进行拦截。

小提示

球员在使用交叉步时，上身面向防守球员，下身向移动方向运动，所以一定要注意保持身体平衡，同时伺机突破防守，进行投篮。

接球后顺步突破急停跳投

🏆 训练目的

接球后顺步突破急停跳投是球员在接球后，沿一侧用同侧脚迈步向前突破的技术。在面对防守球员时，进攻球员可使用该技术，利用较快的移动速度突破防守。

🏀 动作讲解

1. 球员A侧对球员B站立，准备接球。球员B双手向两侧抬起，进行防守。

2~3.球员B跟随球员A向前迈步，球员A接到球后，右脚蹬地向左前方转体，左脚顺步突破后急停跳投。

小提示

转体时始终双手持球，将球置于体前，并保持重心平稳，防止球被防守球员抢断。

接球后三步上篮

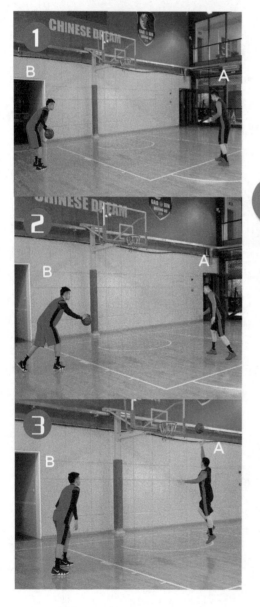

🏆 **训练目的**

接球后三步上篮可以让球员掌握移动勾手上篮动作中手部的正确动作与发力方法，使球员能够从指间将球投出，并让投出的球旋转起来。

🏀 **动作讲解**

　　1. 球员A双手掌心相对置于体前，面对篮筐站在罚球线位置。球员B双手持球于身体右侧，在侧翼做好传球准备。

　　2. 球员 B向前迈步，将球传给跑向篮筐的球员A，球员A准备接球。

　　3. 接球后，球员A向前迈步，同时蹬地起跳，右臂伸直，将球向篮筐投出。

小提示

在没有传球球员的情况下，可以自己运球，然后上篮。在篮筐附近投篮相对来说比较容易，除了用惯用手练习外，也要多练习用非惯用手投篮。

篮板球后转身勾手上篮

重要程度

★ ★ ★

🏆 训练目的

篮板球后转身勾手上篮是球员在篮下时，向身体斜后方迈出一步，然后立刻向后转身，迅速蹬地起跳投篮的技术动作，也是抢得篮板球后得分的主要手段之一。

🏀 动作讲解

1. 球员双脚分开至与肩同宽，双手持球于体前。

2.瞄准篮板，将球投出。

3. 球击中篮板后回弹，球员移动至篮下接球。接到球后，双手持球，以左脚为轴，向左前方转体，球随着身体移动。

小提示 ✓

转体时要求动作迅速，并保持重心平稳。转身后立即上篮，要尽量跳高，上身自然旋转，使球下旋投出，注意落地后身体要正对篮筐。

动作讲解

4.以左脚为轴，右脚旋转一周落地，顺势转过身体，侧对篮筐。

5.右手掌心朝上持球，将球向上举起，重心落于左脚，保持平稳。

6.左脚蹬地发力起跳，注视篮筐，右臂伸直，将球向篮筐投出。

小提示

投篮时手臂伸直，利用腕力使球下旋，手指用力将球投出。

正面图

麦肯上篮练习1

重要程度

★ ★ ★

🏆 **训练目的**

此练习要求球员在篮下连续进行勾手投篮，从而提高投球命中率。练习过程中一定要注意节奏。

🏀 **动作讲解**

1. 球员双脚分开至与肩同宽，双手持球于体前，面对篮筐站立。

2. 左脚向右前方迈步，呈交叉步姿势。

3. 左脚蹬地起跳，右脚顺势抬起，同时右手持球，将球举过头顶，进行勾手投篮。

小提示

球员投篮时，手腕用力使球下旋，最后用手指将球推出。注意多练习，以确保流畅迅速地完成投篮动作，保持身体平衡。

篮球基础

球性与移动

运球

传球

投篮

配合与掩护

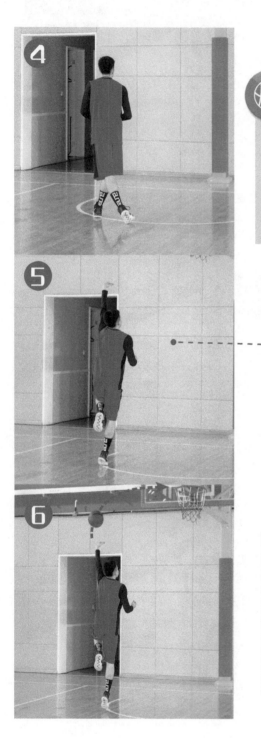

动作讲解

4.右手完成动作后，回到起始位置。之后右脚向左前方迈步，呈交叉步姿势。

5~6.右脚蹬地起跳，同时顺势转身，左脚跟随身体到左侧并抬起，同时左手持球，将球举过头顶，进行勾手投篮。

细节图

小提示

在练习此动作时，有两个要点：一是为了顺畅连续投篮，在接球后需要看准时机迈步，之后再进行投篮；二是在投篮时，上臂要竖直举起，落地时身体应正对篮筐。

麦肯上篮练习 2

篮球基础

球性与移动

运球

传球

投篮

配合与掩护

🏆 **训练目的**

与麦肯上篮练习1相同，此练习也是为了提高投篮命中率。背对篮筐投球时，球员难以定位篮筐的位置，这更锻炼了球员的空间感。

🏀 **动作讲解**

1. 球员双脚分开至与肩同宽，双手持球于体前，在篮筐下背对篮筐站立。

2~3.左脚向右前方迈步，蹬地起跳并转身，同时右手持球，将球举过头顶，旋转球并投篮。

小提示

在篮筐下背对防守球员时，或抢得进攻篮板后，背对篮筐的勾手投篮是非常有效的得分手段。

动作讲解

4.球员捡回球，回到起始位置，背对篮筐，将球置于体前，之后右脚向左前方迈步。

5~6.右脚蹬地起跳并转身，同时左手持球，将球举过头顶，旋转球并投篮。

小提示

背对篮筐投球时，需要抬头看目标。刚开始练习此动作可能有一定的难度，可以采用越过肩定位篮筐的方法，这样能使投篮相对容易一些。先击中篮板会提高投篮命中率，因此在练习中要逐渐掌握击打篮板的投篮方式。

正面图

椅上投篮

重要程度

★ ★ ★

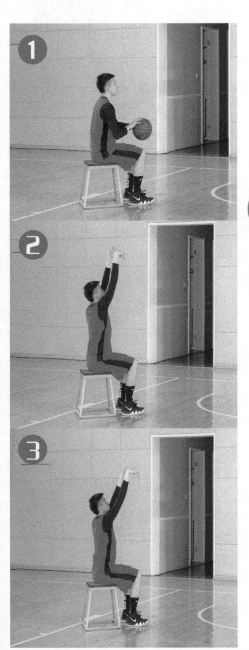

🏆 **训练目的**

椅上投篮是球员坐在椅子上进行投篮的技术动作，降低了球的高度，使投篮的难度增加，可以帮助球员更好地控制手部力度。可作为下肢伤病康复期的辅助练习。

🏀 **动作讲解**

1. 球员双手持球，将球置于体前，后背挺直，坐在靠近篮筐位置的椅子上。

2. 双手将球举至头顶，左手为支撑手，右手为投篮手。

3. 手臂伸直，右手拨腕使球下旋，手指用力，向篮筐投出球。

小提示

投篮时，要沿着投篮线投出球，也要把握好球与篮筐之间的距离。此外，还要根据投篮距离、投篮的高度来调整投篮时手指的力度。

后有防守球员追防的快速推进运球上篮

重要程度

★ ★ ★

🏆 **训练目的**

此练习要求进攻球员在身后有防守球员追防的情况下，快速运球上篮。球员通过多次练习可以有效提升灵活度、敏捷性和投篮命中率。

🏀 **动作讲解**

1. 两人一组进行训练，球员A面向篮筐持球，球员B跟在球员A身后防守。

2. 球员A运球快速向前推进，球员B紧跟防守。

3. 球员A蹬地起跳，右手持球上篮，球员B右臂上举，进行拦截。

小提示

进攻球员进行该练习既需要保证运球的速度，也需要不断增强护球意识，确保在投篮前球不被防守球员拦截。

快速推进运球转身上篮

🏆 **训练目的**

快速推进运球转身上篮要求球员快速运球至篮筐下，在面对防守球员阻拦时，迅速向后转身，突破防守上篮。

动作讲解

1. 两人一组进行训练，球员A双手持球，在罚球线处面向篮筐站立。球员B侧对篮筐站立，进行防守。

2. 球员A单手快速向前运球，球员B紧跟防守。

小提示

在赛场上遇到防守球员紧追不舍的情况时，球员可灵活使用不同步法，努力摆脱防守；快速推进运球的过程中要注意保持身体平衡，避免失误或受伤。

篮球基础

球性与移动

运球

传球

投篮

配合与掩护

215

动作讲解

3.球员A运球至篮筐下，球员B紧紧跟随球员A，阻拦其投篮。

4.球员A双手持球，将球置于体前，同时向左后方转体。

5.转体后，球员A双脚蹬地跳起，右手持球，将球举过头顶，将球投出。球员B右臂上举，进行拦截。

小提示

转体要迅速，转体后立即上篮，注意要尽量跳得高一些，腰部有意识地向上提起，在跳到最高点的同时，手指用力旋转球。

细节图

篮板侧面投篮

重要程度

★ ★ ★

🏆 训练目的

与麦肯上篮练习1相同，此练习也是为了提高投篮命中率，在篮板侧面投球，并尝试从不同位置和角度投篮。

🏀 动作讲解

1.球员双脚自然分开，双手持球于体前，在篮筐左侧的位置站立。

2~3.重心上移，踮起脚尖，同时瞄准篮板投球，让球打在篮板上，反弹至另外一侧。因为距离篮筐较近，所以球员不需要完全起跳。

小提示

球员如果在所处的位置较难命中，便可以采用这种投篮方式。其可以让球员更快地去抢篮板球，然后再次投篮补救。

篮球基础

球性与移动

运球

传球

投篮

配合与掩护

217

动作讲解

4.迅速向右迈步，在篮筐右侧的位置接住篮板球。

5.双手持球于体前，在篮筐右侧站立，目视篮筐。

6.双脚蹬地，发力完成投篮，整个过程控制在30秒以内。

细节图

Ⓐ 球员　←─ 投篮　←─ 移动

内切后接球投篮

🏆 **训练目的**

内切后接球投篮要求同队球员根据进攻球员的位置移动，当防守球员集中防守进攻球员时，快速跑到内线，接住进攻球员的传球并进行投篮。

动作讲解

1. 球员A、球员C是进攻球员，球员B、球员D是防守球员。球员A双手持球，面对篮筐在3分线外站立，球员B呈防守姿势。

2. 球员C背对球员D在禁区线附近站立。球员A右手持球，运球前进，球员B与球员D上前阻拦，球员C移动到禁区线内侧。

小提示

球员在遭遇对方两名或多名球员拦截防守时，要注意护球，同时要与队友配合默契，找准机会突破防守或传球给队友。打篮球是一项需要球员高度配合的运动，球员不可忽视与队友配合。

细节图

动作讲解

3.球员A继续运球前进，球员B双手从两侧抬起，在球员A身后防守，球员D双手向上举起，在球员A身前防守，球员C寻找空当准备接球。

4.球员A将球传给球员C，球员C双手准备接球。

5.接球后，球员C双脚蹬地起跳，瞄准篮筐，右手用力将球投出。球员D转身移动至篮筐下，上举右手进行拦截。

小提示

面对防守球员阻拦而想要传球时，注意球传出的高度要高于防守球员，防止球被拦截。

突破分球后投篮

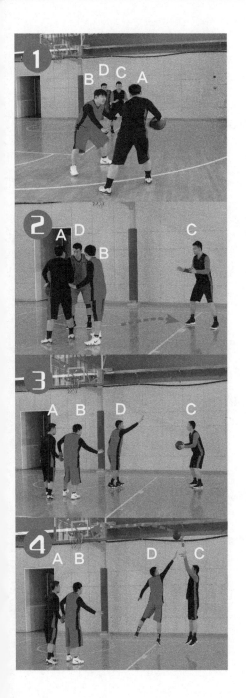

训练目的

突破分球后投篮主要在篮下得分困难时使用，进攻球员可以将防守球员吸引到篮下，以缩小对方的防守区域，然后将球传给无人防守的接应球员。

动作讲解

1.球员A、球员C是进攻球员，球员B、球员D负责防守球员。球员A双手持球，面对篮筐在3分线外站立，球员B呈防守姿势，球员C、球员D在禁区线附近站立。

2.球员A持球向左侧突破，吸引球员B、球员D上前阻拦，球员C移动到禁区线外侧。

3.球员A将球传给球员C，球员C双手接球，准备投篮，球员D上抬右手，转身跑向球员C。

4.球员C双脚蹬地起跳投篮，球员D随即起跳，进行拦截。

小提示

运用这种突破分球的战术不是为了篮下得分，而是为了给队友中远距离投篮和空切上篮创造机会。

投篮假动作

重要程度

★ ★ ★

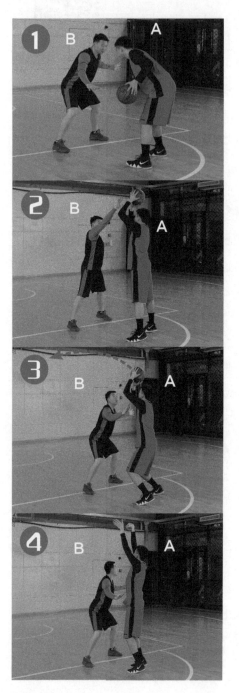

🏆 **训练目的**

此练习是在面对防守球员阻拦时，先在原地做一个准备投篮的假动作，趁对方不备，再突然进行投篮。掌握好投篮假动作对于突破防守很重要。

🏀 **动作讲解**

1. 球员A双脚分开，重心下移，双手持球于身体左侧。球员B面对球员A站立，进行防守。

2. 球员A将球移至头顶，重心上移，做出将要投篮的假动作，球员B上抬右手拦截。

3~4.趁球员B拦截落空后右手落下时，球员A迅速将球向篮筐投出。

小提示

球员接球后抬头看向篮筐，装作要投篮的样子，在对方球员被假动作吸引时，快速投篮或运球突破。

一次运球后上篮（顺步突破）

★ ★ ★

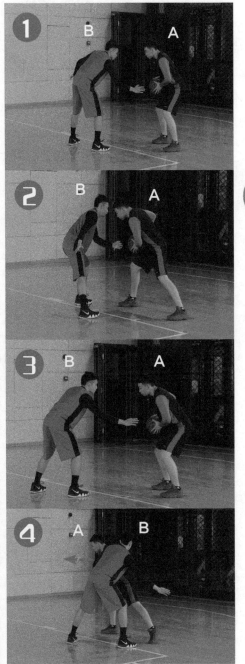

🏆 **训练目的**

此练习要求进攻球员先用试探步向右侧移动，再收回右脚，在防守球员跟随阻拦的情况下，突然从右侧运球突破，然后进行投篮。

🏀 **动作讲解**

1. 球员A双手持球于体前。球员B面对球员A站立，张开双手，进行防守。

2. 球员A向右前方迈步，做突破假动作，吸引球员B将防守重心向左侧偏移。

3~4. 球员A收回右脚，趁球员B向左侧迈步时，迅速从右侧突破，运球前进至篮筐下，进行投篮。

小提示

进攻球员在防守过程中要注意护球，防止防守球员抢夺；平时应多多练习，增加动作熟练度，从而确保突破成功。正面防守进攻是每名球员在赛场上必经的挑战，球员必须保持头脑清醒，灵活运用各种步法和假动作。

223

一次运球后上反篮（交叉步突破）

🏆 **训练目的**

此练习要求进攻球员先向右侧迈步，做出准备从右侧突破的样子，再突然收回右脚从身体左侧突破，以越过防守，进行投篮。

动作讲解

1. 球员A双手持球于体前，呈基本持球姿势。球员B面对球员A站立，呈基本防守姿势。

2. 球员A向右前方迈步，球员B随即进行拦截。

3. 球员A在收回右脚的同时迅速向左前方迈步，突破防守。

4~5. 球员A运球前进至篮筐下，甩开球员B，完成一次三步上篮。

小提示

在练习时，进攻球员可以通过灵活运用左右移动的假动作来避开防守，防止球被抢。其中，快速敏捷地移动是突破成功的关键。

一次运球后投篮（后撤步跳投）

🏆 **训练目的**

此练习是在与防守球员距离较近时，先用力强行向内运球，给对方球员施加压力，迫使其后退，然后迅速向后撤步，进行跳投。

🏀 **动作讲解**

1. 球员A双手持球于身体右侧，面对篮筐在罚球圈位置站立。球员B背对篮筐站在罚球线上，进行防守。

2. 球员A右脚向前迈步，左手运球，吸引球员B防守。

3. 球员B向后移动时，球员A迅速收回右脚，与球员B拉开距离。

4. 球员A将球举过头顶，向上跳起投篮。

小提示

在收回右脚时，需要保证腿部力量能够让自己迅速收回重心。

篮球基础

球性与移动

运球

传球

投篮

配合与掩护

225

运球移动后投篮（突破到强手一侧跳投）

🏆 **训练目的**

此练习要求进攻球员先向右侧迈步，然后收回迈出的脚，让防守球员以为要从左侧突破，再突然从身体右侧突破，进行跳投。其可以通过复杂的动作有效迷惑防守球员。

🏀 **动作讲解**

1. 球员A双手持球于体前，呈三威胁姿势。球员B面对球员A站立，呈基本防守姿势。

2. 球员A向右侧迈步，假装突破，吸引球员B往突破方向移动重心，左手进行拦截。

3. 球员A收回右脚，回到三威胁姿势。

小提示

在面对防守球员时，突然左右移动会打乱他们的防守节奏，不给他们留下反应的时间，使其无法迅速进行清晰的防守。但该技术对进攻球员的灵活度要求很高。

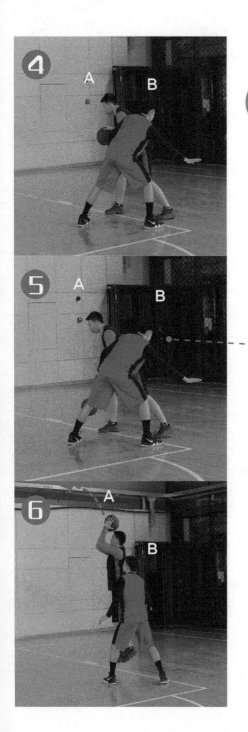

 **动作讲解**

4~5. 球员A趁球员B重心不稳，迅速从右侧强行突破，右手运球，其间可以用左手挡住球员B，与其保持安全距离。

6. 球员A摆脱防守后，双脚起跳，完成跳投。

细节图

小提示

两人一组进行该练习，可互换角色，模拟赛场上的真实情况，重点练习假突破时动作的敏捷性和连贯性。

运球移动后投篮（突破到弱手一侧跳投）

🏆 **训练目的**

此练习要求进攻球员先向右侧迈步，做出准备从右侧突破的样子，再突然收回右脚从身体左侧突破，进行跳投。其可以使进攻球员通过向右突破的假动作迷惑对方球员，并用身体护球。

🏀 **动作讲解**

1. 球员A双手持球于体前，球员B面对球员A站立，呈基本防守姿势。

2. 球员A向右侧迈步，吸引球员B紧跟上前。

3. 球员A收回右脚的同时向左迈步，同时向左后方转身，使右脚直接迈到球员B的右侧，左手运球，背对球员B。

小提示

注意在2～3步骤时，动作要连贯，步伐要大，最好一步直接越过防守球员。

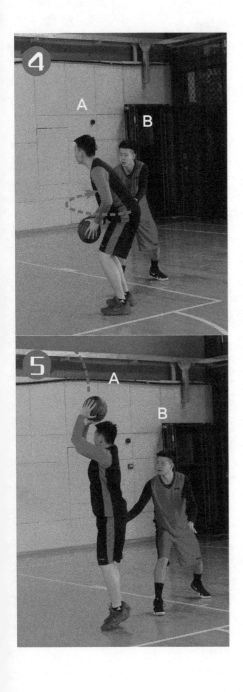

动作讲解

4.球员A向右转身，左脚向前迈步，向右脚并拢，努力拉开与球员B的距离。

5.球员A面向篮筐，双手将球举至头顶，双脚发力起跳，完成跳投。

要充分拉开与防守球员的距离，不然投篮时很容易被干扰。

小提示

练习时，要注意动作的连贯性和重心的稳定性。转身时用身体护住球，防止球被防守球员抢断。

运球移动后投篮（后转身运球到肩位执行跳投）

重要程度

重要程度

★ ★ ★

🏆 **训练目的**

此练习要求进攻球员在使用试探步假动作没有成功突破防守时，运用后转身绕过防守进行跳投。在转身时要注意保持身体平衡。

🏀 **动作讲解**

1. 两人一组进行训练，球员A双手持球于体前。球员B防守，面对球员A站立。

2. 球员A收回右脚的同时向左迈步，向左后方转体，其间用左手运球。

3. 球员B向前迈步，进行阻拦。球员A右手挡在体前护球，以免球被球员B抢夺。

小提示

在与防守球员距离较近时，以非持球手在体前护球，持球手保持运球，观察时机进行转体。

动作讲解

4. 球员A以左脚为轴，向左后方转体，球员B跟随球员A进行阻拦。

5. 球员A在转体的同时将球运至右手。转体后，球员A面对篮筐。

6. 球员A双手将球举至头顶，双脚发力起跳，瞄准篮筐，完成跳投。

进攻球员左手可以与防守球员接触，以保护球。

小提示

在转体时，为了能够快速精准地投篮，注意两膝距离不要过大，以便身体更好地保持平衡。

带球上篮（技巧1）

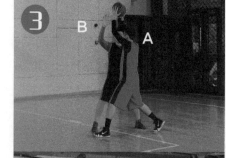

🏆 **训练目的**

此练习要求进攻球员先向右侧迈步，做出准备从右侧上篮的假动作，再突然向左跳去，突破防守，跑至篮筐下进行上篮。

🏀 **动作讲解**

1. 两人一组进行训练，球员A双手持球于体前。球员B防守，面对球员A站立。

2. 球员A右脚向右侧迈步，做出将要从右侧突破的假动作。

3~4. 趁球员B向右侧防守时，球员A迅速向左前方跳跃，同时双手将球举过头顶，从而躲开球员B的拦截，之后顺势右手持球完成上篮。

小提示

球员通过此练习可以很好地练习脚步的移动和增强身体协调性，但需要多加练习才能熟练地在比赛中使用。

带球上篮（技巧2）

重要程度

★ ★ ★

🏆 **训练目的**

此练习要求进攻球员侧对防守球员，向左侧迈大步运球，突破防守，然后跑至篮筐下进行上篮。在运球过程中应注意节奏。

🏀 **动作讲解**

1. 球员A双手持球于体前，球员B在球员A对面呈基本防守姿势。

2. 球员A左手运球，往左前方迈步，其间可以使用右手对球员B进行干扰，防止被断球。

3. 球员A向前突破时，迈步要大，将球置于头部左侧，远离球员B。

4. 球员A双手持球从胸前发力向上，同时起跳上篮，右手与球员B对抗，左手持球，手腕发力向上拨球上篮。

小提示

带球上篮时，球员使用一侧手运球，用另一侧手护球，避免因防守球员抢夺而失去对球的控制。

带球上篮（技巧3）

重要程度

★ ★ ★

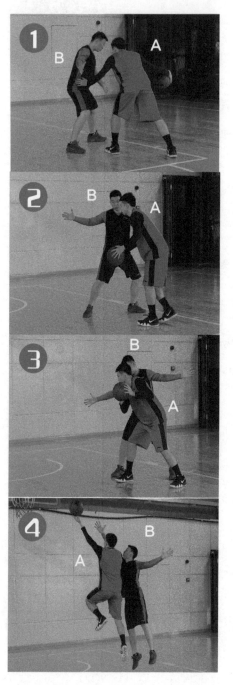

🏆 **训练目的**

此练习要求进攻球员先做出准备从右侧运球的假动作，再迅速转身移动到左侧，侧对防守球员，跑至篮筐下进行上篮。

🏀 **动作讲解**

1. 两人一组进行训练，球员A右手持球于身体右侧。球员B进行防守，面对球员A站立。

2. 球员A向右转体，右脚向前跟进一步，呈右弓步姿势，假意从右侧突破。

3. 球员A向左转体，同时双手持球于胸前，用身体挡住球员B，向前突破。

4. 球员A靠近篮筐时，在迈出右脚后，右腿发力向上跳起，左手持球，手腕发力向上拨球上篮。

小提示

在赛场上带球上篮需要球员迅速做出反应，灵活使用各种步法和假动作，快速突破防守。球员平常需要多加练习，熟练掌握带球上篮技巧。

篮筐下背身单打

重要程度

★ ★ ★

🏆 **训练目的**

篮筐下背身单打是指进攻球员背对篮筐，在篮筐下接球后，转身投篮的一种进攻方法，这是在篮筐下较容易进球的打法之一。

动作讲解

1. 两人一组进行训练，球员A侧对球员B站立。球员B双臂向两侧抬起，进行防守。

2~3. 球员A在禁区线附近卡住位置，背对球员B，举一侧手示意接球。球员B也上举一侧手，进行拦截。

小提示

持球背对防守球员时要注意防守球员的动作，小心护球，避免球掉落在地或被防守球员抢夺。

细节图

用臀部顶开
防守球员

动作讲解

4.球员A接球后，将球置于身前，背对球员B，双手持球在体前伸直手臂，用臀部顶开球员B，尽快与球员B拉开距离。

5.球员A以左脚为轴，向左后方转体，面对球员B站立，重心下移，上体前倾，双手将球置于体前。

6.球员A双手将球举至头顶，双脚发力，迅速跳跃投篮，球员B随之进行拦截。

小提示

转体时，为了能够快速精准地投篮，应注意两膝距离不要过大，保持身体平衡。看准时机果断投篮，并保证命中率。

通过假动作和提速投篮

重要程度

★ ★

🏆 **训练目的**

此练习要求进攻球员在面对防守球员阻拦时，先在原地做一个准备投篮的假动作，然后迅速运球至篮筐下，进行投篮。

动作讲解

1. 球员A双脚分开，双手将球移至头顶，重心上移，做出将要投篮的假动作。球员B双脚跳起，上抬右手进行拦截。

2. 趁球员B跳起时，球员A右手运球，左脚向前迈步，右脚向前跟进一步。

3. 球员A双手持球，将球置于胸前，再用双手将球举至头顶，双脚发力，跳起投篮。

小提示

进攻球员在投篮时，应注意与防守球员的身体接触，以避免因顶撞而犯规。

对抗接后撤步投篮

🏆 **训练目的**

对抗接后撤步投篮要求进攻球员在与防守球员距离较近时，迅速后撤步，拉开与防守球员之间的距离，然后投篮。其是突破防守时常使用的一种技法。

🏀 **动作讲解**

1. 球员A双脚前后分开站立，在身体右侧运球。球员B面对球员A，呈防守姿势。

2. 球员A双手合球时，左脚后撤，迅速与球员B拉开距离。

3. 球员A双手将球举至头顶，双脚蹬地，起跳投篮。

小提示

该动作要点在于双方球员近距离周旋时，要学会合理冲撞对手来获得投篮空间和时机。

接球投篮练习（3人轮转）

重要程度

★ ★ ★

🏆 **训练目的**

此练习模拟了实际比赛的场景，可提高球员传球与投篮的速度，以及球员快速出手投篮的命中率。

🏀 **动作讲解**

1. 球员A在1号锥桶位置持球站立，球员B在2号锥桶位置呈接球姿势，球员C在篮筐下持球站立。

2. 球员A将球传给球员B，之后球员C立即传球给球员A。

3. 球员B接住球后，随即瞄准篮筐投篮。投篮结束后，球员B跑向球员C的位置，球员C跑向球员A的位置，球员A跑向球员B的位置，重复练习。

Ⓐ 球员　◄- -传球　◄— 投篮

第6章
配合与掩护

配合与掩护是球员采用合理的行动，用身体挡住队友的防守者的移动路线，使队友借以摆脱防守，或利用队友的身体摆脱防守，从而接球进攻的一种方法。

配合与掩护

▶ 掩护基本姿势

重要程度

★

正面

双膝微屈

侧面

🏆 **训练目的**

掩护是指掩护球员用自己的身体阻碍防守球员的行动路线，让队友获得更多活动空间的配合。此处介绍的是掩护基本姿势。

 动作讲解

球员保持站立姿势，双脚分开至略比肩宽或与肩同宽，双膝微屈，双臂屈肘，一手握拳，另一手握住握拳手的腕部，置于腹前，目视前方。

小提示

掩护球员通过本练习可以掌握掩护的基本姿势，在场上创造局部多打少的机会。

两球下掩护练习（绕圈）

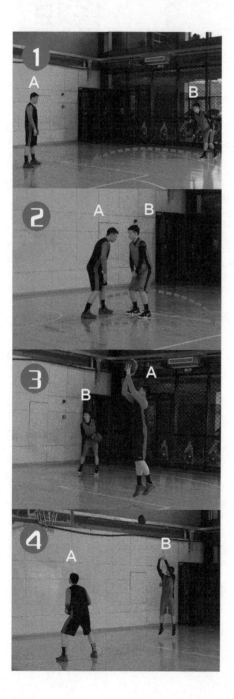

🏆 **训练目的**

此练习由两人一组配合完成，球员既可以在进攻球员正面进行掩护，也可以在其投篮时在其后侧进行掩护。

🏀 **动作讲解**

1.球员A站在篮下准备接球，球员B站在3分线外准备上前掩护。

2.待球员B跑到球员A面前呈掩护基本姿势，球员A从球员B右侧绕过，去接场外传球。

3.球员B绕至右侧底角位置，去接场外传球。

4.两名球员都接到球后，依次投篮。

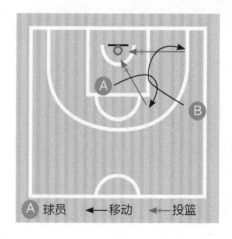

Ⓐ 球员　◀— 移动　◀— 投篮

两球下掩护练习（后撤步）

重要程度

★ ★ ★

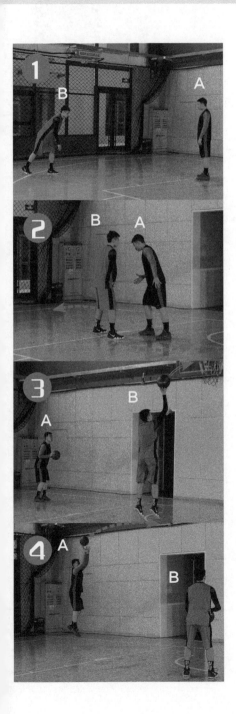

🏆 **训练目的**

后撤步是赛场上常用的动作。球员掩护时使用后撤步可以有效防止对方球员上前抢断，也便于及时观察场上情况，迅速做出反应。

🏀 **动作讲解**

1. 球员A站在禁区线上准备接球，球员B站在3分线外准备上前掩护。

2. 待球员B跑到球员A面前呈掩护基本姿势后，球员A绕过球员B跑至禁区线外接球。

3. 球员B向篮下移动，接球后转身，在篮筐下投篮。

4. 球员A在接球后完成跳投。

小提示

掩护球员既要掩护进攻球员，也要在后撤的过程中注意场上形势，随时准备接球投篮。在进行后撤步时，要保持身体平衡，避免因冲撞犯规。

篮球基础

球性与移动

运球

传球

投篮

配合与掩护

243

两球下掩护练习（直切）

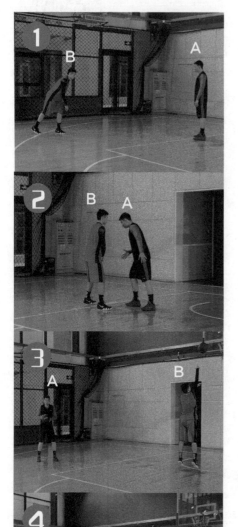

🏆 训练目的

使用直切的方法进行掩护时，掩护球员移动速度较快，所需时间和空间均较少，可以让持球球员在赛场上及时做出反应，迅速完成投篮的动作。

🏀 动作讲解

1.球员A站在禁区线上准备接球，球员B站在3分线外准备上前掩护。

2.球员B跑到球员A面前呈掩护基本姿势后。

3.球员A贴着球员B右侧身体跑向斜45°的位置接球。

4.球员B在禁区线内接球，在篮下完成投篮，球员A在外线完成跳投。

Ⓐ 球员　◀── 移动　◀── 投篮

两球背掩护练习

篮球基础

球性与移动

运球

传球

投篮

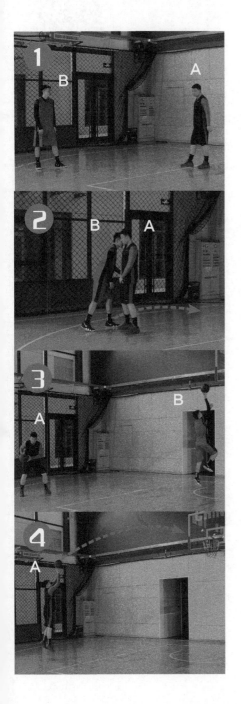

🏆 **训练目的**

掩护后，内线和外线都有可能出现投篮机会。两球背掩护练习能够同时锻炼内线和外线球员的投篮技术，帮助他们提高投篮命中率。

🏀 **动作讲解**

1.球员A站在禁区线上准备进行掩护，球员B站在禁区线上准备接球。

2.球员A跑到球员B面前呈掩护基本姿势，背对篮筐。

3.球员B从球员A面前经过，背向球员A跑至禁区内接球，完成上篮。

4.球员A在外线接球，完成远距离跳投。

小提示

两球背掩护练习要求球员能够近距离掩护队友，在掩护时尽量避免与队友碰撞，以降低相互之间的影响，减少失误。

配合与掩护

基础配合（2人传切）

🏆 训练目的

2人传切是篮球运动中最基本的战术，体现了团队协作精神，是篮球运动中不可或缺的部分，可以在赛场上创造有利的得分机会。

🏀 动作讲解

1.球员A站在3分线内，呈基本传球姿势，面向球员B。球员B站在禁区线外，呈基本接球姿势。

2.球员A将球传给球员B，同时向篮下跑去，举起右手，示意接球。

3.球员B接球后，进行胸前传球。

4.球员A接球后运球至篮下，并完成单手上篮。

小提示

配合球员接球后要适当调整身体朝向，配合进攻球员，准确将球传给进攻球员，让其能够顺利投篮。

基础配合（2人无球掩护）

重要程度

★ ★ ★

🏆 训练目的

传球和掩护是篮球运动中基本的团队战术之一，掩护队友可以防止对方球员抢球，确保队友顺利传球或投篮得分。

🏀 动作讲解

1.球员A站在弧顶处准备上前掩护球员B，球员B站在禁区线旁准备接球。

2.球员A跑到球员B面前，呈掩护基本姿势后，球员B贴着球员A的左侧跑过。

3.球员B向外跑至外线准备接球，球员A转身后撤，向篮下移动，在禁区线内举起左手，示意可以向内线传球。

小提示

掩护时，必须确保自己站立不动，直至掩护完成，这样能防止违规掩护的发生。要有耐心，还要解读防守球员的意图。

基础配合（2人运球掩护）

🏆 训练目的

2人运球掩护是球场上常见的配合动作，此练习可以增加球员之间的配合默契度，也可以锻炼球员的运球能力，帮助球员适应球场上紧张的氛围。

🏀 动作讲解

1.球员A站在禁区线外，呈基本持球姿势，面向球员B。球员B站在3分线上，准备上前掩护。

2.球员B移动至球员A面前，呈掩护基本姿势。球员A借助球员B的掩护，运球向外线移动。

3.完成掩护后，球员B转身向内线移动，到达篮下时，举手示意传球。

小提示

持球球员要在掩护球员呈掩护基本姿势之后再运球前进，向外线移动。移动时注意护球，防止对方球员抢夺。

基础配合（挡拆）

重要程度

★ ★ ★

🏆 **训练目的**

挡拆属于基础配合动作之一，可以帮助球员学会如何解读防守球员的意图、如何使用假动作以及如何把握切入的时机。

动作讲解

1. 球员A在3分线外，双手持球于身体一侧，球员B在其对面呈基本防守姿势，球员C站在远处内线，准备上前掩护。

2. 球员C示意球员A向左侧运球，然后跑至球员B身侧进行掩护。

3. 球员A等球员C掩护完成后快速向左侧运球，球员B绕过掩护，追随球员A进行防守。

小提示

3人运球掩护需要队友之间默契配合。运球球员可以采用一些假动作来迷惑防守球员，趁其不备传球给掩护球员。

动作讲解

4.球员A在运球过程中伺机使用击地传球的方式将球传给球员C。

5.球员C接球后转身向篮下运球，并准备上篮。

6.球员C跳起上篮。球员B迅速向球员C跑去，进行补防，尽可能阻止其上篮。

小提示

赛场上全队球员需要密切配合，彼此间要非常默契，密切观察赛场情势，及时做出判断。

2V2挡拆（从高位到底线）下掩护绕切

重要程度

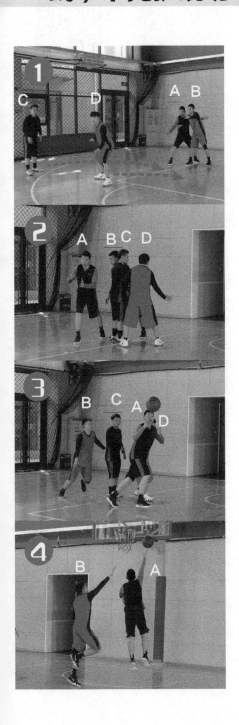

🏆 训练目的

挡拆是篮球运动的精髓，也是所有篮球战术的基础。高质量的挡拆不仅可以快速击破对手防线，也会让得分更高效。

🏀 动作讲解

1.球员A站在禁区线外，球员B侧对球员A站立，呈基本防守姿势，球员C站在3分线上，球员D面对球员C站立在禁区线顶端处。

2.球员C趁球员B不备，迅速切入球员A和球员B之间，进行挡拆。球员D跟随进行防守。球员A乘机借助掩护突破防守。

3~4.球员A绕过防守接球，直接进行上篮，球员B要尽可能进行防守。

小提示

运球球员在掌握防守球员动向的同时，迈大步迅速移动至空位投篮。掩护球员要做好掩护，同时要保持身体稳定，防止犯规。

2V2挡拆（从高位到底线）下掩护直线空切

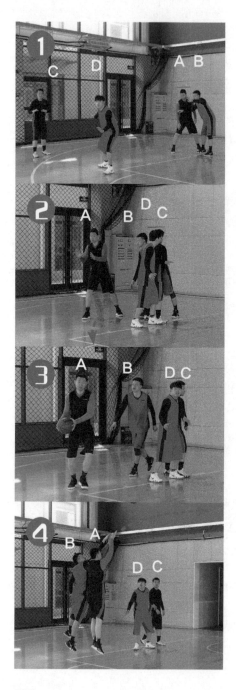

🏆 **训练目的**

此练习能够让掩护球员熟练掌握挡拆技巧，在赛场上也能娴熟配合队友，为持球球员争取投篮得分机会，或者帮助被围球员冲破包围。

🏀 **动作讲解**

1.球员A站在禁区线外，球员B侧对球员A站立，呈基本防守姿势，球员C站在3分线上，球员D面对球员C站立在禁区线顶端处。

2.球员C移动到内线为球员A做掩护，尽可能挡住或延缓球员B的防守。

3.球员A从外线绕过防守，接其他球员的传球。

4.球员A接球后运球至远离防守的位置完成投篮，此时球员B要尽可能防守。

小提示

球员在等待掩护球员前来的过程中，要耐心等掩护球员建立好掩护后再启动。球员要学会解读防守球员的意图，做出最佳进攻选择，同时还要避免犯规。

挡拆后制造空位投篮机会

🏆 **训练目的**

此练习可以让球员掌握如何在队友被包夹时使用挡拆技术帮助队友突围并投篮得分。

🏀 **动作讲解**

1. 球员A站在禁区线外，球员B侧对球员A站立，呈基本防守姿势，球员C站在3分线上，球员D面对球员C站立在禁区线顶端处。

2. 球员C向内线移动，为球员A做掩护，挡住球员B的防守路线。

3~4. 球员A乘机摆脱球员B的防守，向外线移动，接到传球后完成跳投。其间，球员B要努力绕开掩护，积极进行防守。

细节图

挡住球员B的移动路线

篮球基础

球性与移动

运球

传球

投篮

配合与掩护

挡拆后制造空位投篮机会（上线）

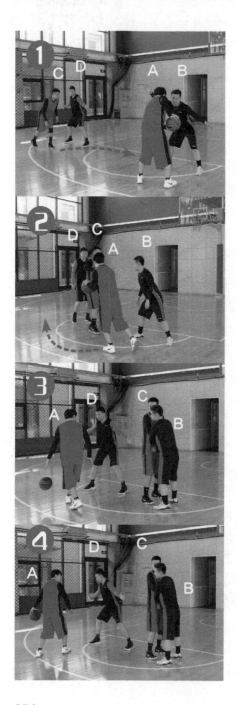

🏆 **训练目的**

挡拆后制造空位投篮机会（上线）是赛场上常用的技术，球员可以通过密切的配合为持球球员制造空位，让其伺机投篮。

🏀 **动作讲解**

1. 球员A双手持球于身体一侧，球员B在其对面呈防守姿势，球员C站在另一侧3分线上，跑向球员A侧面。

2. 球员C做掩护挡住球员B的防守路线，帮助球员A顺利向左侧移动。

3~4. 因为球员B被阻拦了防守路线，所以换球员D对球员A进行防守。

小提示

这个技术要求掩护球员正确判断场上局势并做好掩护，需要持球球员仔细分析防守球员的动向和自身能力，判断下一步是自己投篮还是传球给队友。

动作讲解

5. 球员A继续向左侧移动，吸引球员D防守。同时球员C向右侧外线移动，与防守球员拉开距离。

6. 若球员B、球员D防守没有沟通到位，球员B也挤出去防守球员A时，球员A可使用较高的传球将球传给球员C，以免被断球。

7. 球员C接球后双脚跳起投篮，此时球员B再进行补防已经起不到干扰作用。

细节图

球员B应当
换防球员C

小提示

站在球员B的角度思考，在图6所示的情况下，应该与球员D互换防守球员，去防守球员C。

挡拆后下顺（在上线挡拆后下顺）

🏆 训练目的

此技术能够有效打破对方防守，同时可以与假动作等技术结合在一起，帮助球员吸引对方注意力，再出其不意地传球给队友，让队友投篮。

🏀 动作讲解

1.球员A双手持球于身体右侧，站在3分线外，球员B在其对面防守。球员C站在罚球线前的半圆内，球员D在其侧边防守。

2.球员A向左侧运球移动，球员C上前做掩护。球员A顺势通过胯下运球，改为右手运球，然后向右侧移动。

3.球员C完成掩护后，转身向内线移动，摆脱球员D的防守，以打乱对方防守，同时示意球员A传球。

4.球员A采用击地传球的方式，将球传向内线，球员C接球后在篮下投篮。

小提示

此技术的重点在于球员C摆脱防守时要成功迷惑防守球员，给自己创造接球上篮的机会，同时球员A也要吸引防守球员的注意。

作者简介

房辉

国家级运动健将，现任南京邮电大学体育部教师，南京邮电大学高水平男子篮球队主教练，南京邮电大学体育部篮球教研组负责人，竞赛训练办公室副主任。从事专业篮球训练二十年，大学一线教练员十年，教授篮球专项课程十年。曾效力于江苏省男子篮球队，参加第十、第十一届全国运动会并获得季军，代表江苏南钢队参加CBA联赛四年，代表江苏同曦队参加NBL联赛五年并获得两次冠军。曾入选国家青年队。任教期间，带领南京邮电大学男子篮球队参加江苏省篮球校园篮球联赛并获得冠军，参加CUBA联赛预选赛并获得前三名。

侯雪花

国家级运动健将，现任南京邮电大学体育部教师，南京邮电大学高水平女子篮球队主教练。从事专业训练二十年，大学一线教练员九年。前江苏女子篮球队主力队员，曾代表江苏连续征战四届全国运动会，并分别获得第九届全运会第九名、第十届全运会亚军、第十一届全运会季军、第十二届全运会亚军的成绩。任教期间，带领南京邮电大学女子篮球队参加江苏省各类比赛获得冠军三次；带队参加2018年、2022年江苏省大学生运动会，并分别获得亚军和荣获优秀教练员荣誉称号；带队在2015年至2020年连续六年闯入CUBA中国大学生篮球联赛全国24强。

视频在线观看说明

本书提供部分技术动作的教学视频，您可通过微信"扫一扫"，扫描书中的二维码进行观看。

步骤1　打开微信"扫一扫"（图1）。

步骤2　扫描技术动作讲解页面上的二维码。

步骤3　进入动作视频观看页面（图2）。

图1

图2